Liebe Leserinnen und Leser,

neues Jahr, gute Vorsätze, neue Ideen … So wünschen wir uns den Start mit Ihnen 2022!

Wie rege Sie sich mit Einsendungen zu einzelnen Aufrufen beteiligen, zeigt sich wieder sehr eindrucksvoll an unserer Rubrik „KreAktiv". Von den 29 Einsendungen präsentieren wir in dieser Ausgabe nur eine Auswahl. Sie zeigt die vielfältigen Assoziationen, die Sie mit dem vorgegebenen Motto „Licht in dunklen Tagen" verbinden.

Auch zu den übrigen Rubriken haben uns wieder zahlreiche Einsendungen erreicht. Wir möchten alle Neulinge und sich bisher zurückhaltende Mitglieder einladen, uns Ihre Beiträge zu senden! Seien Sie mutig, nur wer wagt, gewinnt. Je vielfältiger Ihre Einsendungen, desto vielfältiger die abgedruckten Beiträge!

Was wir uns über Einsendungen zu vorgegebenen Themen hinaus wünschen, ist eine aktivere Beteiligung in Form von Ideen und kontroversen Diskussionen. Ihre Meinungen und Vorschläge sind gefragt, nur Sie können das Haiku und insbesondere unsere innovative Rubrik HaiQ mit Leben füllen und weiterentwickeln. Auf Dauer kann diese Rubrik nicht ausschließlich auf Redaktionsvorschlägen fußen, wie wir in dieser Ausgabe veranschaulichen. Um es mit den Worten von Mark Twain zu sagen: „Das Geheimnis des Vorwärtskommens besteht darin, den ersten Schritt zu tun."

Dazu wollen wir von der Redaktion ebenfalls beitragen, und zwar in Form der neuen Rubrik „Kompakt", die Grundbegriffe rund um das Haiku aufgreift und kurz erläutert. Wir geben mit dem Begriff „Zappai" den Startschuss. Senden Sie uns gerne Ihnen unbekannte oder inhaltlich nicht klare Begriffe, die wir ab der nächsten Ausgabe dann aufgreifen wollen! Auch diese Rubrik lebt von Ihrer Mitarbeit!

In diesem Sinne
Ihr Thomas Opfermann

Inhalt

4

Deutsche Haiku-Gesellschaft e. V.

Die Deutsche Haiku-Gesellschaft e. V.[1] unterstützt die Förderung und Verbreitung deutschsprachiger Lyrik in traditionellen japanischen Gattungen (Haiku, Tanka, Haibun, Haiga und Kettendichtungen) sowie die Vermittlung japanischer Kultur. Sie organisiert den Kontakt der deutschsprachigen Haiku-Dichter untereinander und pflegt Beziehungen zu entsprechenden Gesellschaften in anderen Ländern. Der Vorstand unterstützt mehrere Arbeits- und Freundeskreise in Deutschland sowie Österreich, die wiederum Mitglieder verschiedener Regionen betreuen und weiterbilden.

[1]Mitglied der Federation of International Poetry Associations (assoziiertes Mitglied der UNESCO), der Haiku International Association, Tokio, Ehrenmitglied der Haiku Society of America, New York.

Anschrift	Deutsche Haiku-Gesellschaft e.V., z. Hd. Stefan Wolfschütz, Postfach 202548, 20218 Hamburg
Vorstand	
Info/DHG-Kontakt und Redaktion	Horst-Oliver Buchholz, horst-oliver.buchholz@dhg-vorstand.de
Redaktion	Eleonore Nickolay, eleonore.nickolay@dhg-vorstand.de
Kassenwartin	Petra Klingl, petra.klingl@dhg-vorstand.de
Website	Stefan Wolfschütz, stefan.wolfschuetz@dhg-vorstand.de
	Claudia Brefeld, post@claudiabrefeld.de
Internationale Kontakte	Klaus-Dieter Wirth, kd.wirth@dhg-vorstand.de
	Peter Rudolf, peter.rudolf@dhg-vorstand.de
	Tony Böhle, tony.boehle@dhg-vorstand.de
Bankverbindung:	Landessparkasse zu Oldenburg, BLZ 280 501 00, Kto.-Nr. 070 450 085 (BIC: SLZODE22XXX, IBAN: DE97 2805 0100 0070 4500 85)

Bibliografische Information der Deutschen Nationalbibliothek:
Die Deutsche Nationalbibliothek verzeichnet diese Publikation
in der Deutschen Nationalbibliografie;
detaillierte bibliografische Daten sind im Internet über dnb.dnb.de abrufbar.

© 2022 Deutsche Haiku-Gesellschaft
Herstellung und Verlag:
BoD – Books on Demand, Norderstedt
ISBN 978-3-755724-35-3

Auswahlen

Rezensionen/Besprechungen

KreAktiv

Im vergangenen SOMMERGRAS hatten wir Sie eingeladen, ein Haiku zum Thema „Licht in dunklen Tagen" zu dichten. Und so flatterte manch Erhellendes in unsere Redaktionsstube, auch Mysteriöses, Verse zu Menschlichem und Allzumenschlichem. Insgesamt waren es 29 Haiku. Gerne haben wir uns erleuchten lassen, gelesen und gewichtet. Schließlich kamen gleich zwei Haiku mit gleicher Punktzahl auf den ersten Platz. Wir gratulieren!

Klirrende Kälte
Am Ende der Straße
lässt du das Licht an

Tim Reichert

Dämmerung –
ein Lampion tritt
aus dem Nebel

Angelica Seithe

Und hier eine Auswahl der Haiku, die die Juroren mehrheitlich überzeugt haben. Alle weiteren Haiku, die uns erreicht haben, werden ebenfalls veröffentlicht. Wie immer auf „Hallo Haiku", dem Online-Portal der Deutschen Haiku-Gesellschaft: www.haiku.de/sommergras-136

Winterpark
wie der Vollmond
ans Morgendämmern übergibt

Martin Berner

Immergrün –
eine Amsel lauscht
dem Schnee

Claus Hansson

Passio-Flora
an der Hauswand klammert
Wintersonne

Ute Kassebaum

Abendstunden
auf dem Friedhof
leuchtet Erinnerung

Willemina Preiß

Sternennacht
meine Augen erklimmen
die Himmelsleiter

Friedrich Winzer

Aufruf

Ein Unterstollen für den Meister

Frühling bricht auf! Die Tage werden länger, die Temperaturen steigen, die Herzen weiten sich. Schärfen Sie Feder und Sinne und treten Sie in einen Dialog mit einem der großen Meister: mit Issa. Wir laden Sie ein, zu dessen Haiku zum Frühling einen zweizeiligen Unterstollen zu schreiben, sodass eine kleine Dialog-Dichtung im Sinne eines Tan-Renga daraus entsteht. Wir sind sehr gespannt! Und freuen uns auf Ihre Einsendungen. Das Haiku von Issa lautet (Übersetzung: Gerolf Coudenhove):

Ohne viel Getu'
ist der Frühling einfach da –
Helles Himmelsgelb!

Einsendungen an
redaktion@deutschehaikugesellschaft
Stichwort: Haiku KreAktiv
Einsendeschluss: 15. April 2022

Haiku-Kaleidoskop

Klaus-Dieter Wirth

Haiku oder Aphorismus?

Ausgehend von der Duden-Definition „ein prägnant-geistreicher, in sich geschlossener Sinnspruch in Prosa, der eine Erkenntnis, Erfahrung, Lebensweisheit vermittelt" und nach Auswertung weiterer renommierter Quellen, wie das wissenschaftliche „Lexikon der Literatur" von Gero von Wilpert[1] oder die Internet-Enzyklopädie „Wikipedia"[2], stimmt man grundsätzlich darin überein, dass es sich hier um einen kurzen, aussagekräftigen Spruch, also nicht um Lyrik handelt, dennoch in der Tendenz nicht fiktional. Im Unterschied zu allgemeinen Sprichwörtern lässt sich der Aphorismus außerdem klar einem Autor zuordnen. Damit formuliert er als selbstständiger, einzelner Gedanke zugleich eine besondere Einsicht bis hin zu einem persönlichen Urteil. Markus Mirwald (*1982) präzisiert: „Aphorismen zu schreiben, ist der Versuch, eine An- oder Einsicht in wenige Worte zu fassen – und glaubhaft zu machen, dass es dem nichts hinzuzufügen gibt."[3] Dazu zwei Beispiele: „Freundschaft ist die Ehe der Seelen" von Voltaire (1694–1778) und „Man nennt manches Bosheit, was mit einem hässlichen Gesicht getan wird" von Georg Christoph Lichtenberg (1742–1899). Letzteres lässt weiterhin einen gewissen Zug zur Polemik erkennen. Im Allgemeinen pflegt ein Aphorismus als sogenannter philosophischer Gedankensplitter noch zum Hinterfragen, also Weiterdenken anzuregen. Hierzu Friedrich Nietzsche (1844–1900): „Ein Aphorismus, rechtschaffen geprägt und ausgegossen, ist damit, dass er abgelesen ist, noch nicht *entziffert*; vielmehr hat nun dessen Auslegung zu beginnen, zu der es einer Kunst

---

[1]von Wilpert, Gero: Sachwörterbuch der Literatur, Stuttgart (Kröner) [7]1989, S. 41. f.
[2]https://de.wikipedia.org/wiki/Aphorismus [26.10.2021]
[3]Mirwald, Markus: Der vielleicht größte Schatz: Wesentliches in wenigen Worten (Band 1), Wölbling 2017, S. 9

der Auslegung bedarf."[4] Bei diesem Punkt nun mag sich eine gewisse Parallele zu der beim Haiku immanent angelegten Erwartung eines Nachklangs (*yoin*) auftun. Unverkennbar gemein indes ist beiden Gattungen ihr virtuoser Umgang mit der Sprache.

Vergleichen wir die Ausgangslage bei der Entstehung dieser literarischen Formen, so stellt sich gleich ein klarer Unterschied heraus: beim Haiku die vom Augenblick des Hier und Jetzt ausgehende sinnenhafte Wahrnehmung, beim Aphorismus das Ergebnis einer längeren, gedanklichen Analyse.

Und dennoch, deuten wir die besagte Momentaufnahme nun als Erlebnis, eher als Erfahrung oder gar als Erkenntnis, so bewegen wir uns bereits sukzessive weg von dem nur mit den Sinnen, ganz in der Gegenwart empfangenen Eindruck in Richtung eines bloß gedanklichen Konstrukts, vom Sensitiven hin zum Kognitiven! Im Hinblick auf die Vorgehensweise, die Methodik, ist das Haiku jedoch von seiner Suggestibilität geprägt, seiner besonderen Fähigkeit der Übernahme nicht nur von Wahrnehmungen, sondern auch Gefühlen und Vorstellungen inklusive ihrer induzierten Gedanken; der Aphorismus hingegen fungiert primär als Träger klar ausformulierter Botschaften, sinnspruchartigen Belehrungen, Mahnungen usw.

Am offensichtlichsten unterscheiden sich beide Gattungen noch von ihrem äußeren, formalen Erscheinungsbild her. Zwar besteht ein gemeinsamer Nenner in der Kürze, doch variiert sie beim Aphorismus sehr stark und tendiert dazu eher zu größerer Länge, während sich das Haiku durch ein gewisses festes Grundversschema auszeichnet, dessen Silbenzahl im Gegenteil eher gemindert wird. Logischerweise lässt diese Spanne letztlich einen Bereich zu, in dem es rein formal zu einer Übereinstimmung kommen kann. Insbesondere im Falle einer „Feststellung"[5] oder „Satzform"[6] tut sich dann ein nicht einmal seltener Grenzraum auf, was wiederum ausbleibt, sobald ein Haiku in seinem Standardaufbau erscheint, d. h. formal

---

[4] Aus der Vorrede zur „Genealogie der Moral", 1887
[5] Vgl. Grundbausteine des Haiku XI in „Sommergras" Nr. 96
[6] Vgl. Grundbausteine des Haiku XXXVII in „Sommergras" Nr. 126

drei- und inhaltlich zweigeteilt bzw. der Aphorismus aus mehr als einem Satz besteht.

Gibt sich nun bei annähernd formaler Übereinstimmung eine individuelle Augenblickserkenntnis als allgemein gültige Lebensweisheit zu erkennen, dann liegt für den Leser ein gewisser „Haiphorismus" vor, dessen Zuordnung ihm letztlich selbst freisteht. Dieser als solcher kommt allerdings wiederum kaum eine Bedeutung zu. Entscheidend ist und bleibt immer der literarische Wert an sich und nicht seine spezifische gattungsmäßige Etikettierung!

Beispiele lassen sich bereits im klassisch-japanischen Haiku-Bereich finden:

Ein kurzes Obdachsuchen
vor einem Regenschauer
glaubt mir, nichts anderes ist das Leben[7]
    Lio Sōgi (1421–1502)

In humans
nothing is worse than
cleverness[8]
    Uejima Onitsura (1661–1738)

Beim Menschen
ist nichts schlimmer
als Klugheit[9]

Das sich erinnern
und das erinnert werden:
des alters frühling[10]
    Oshima Ryōta (1718–1787)

Ja, die Nachtigall!
Auch vor Seiner Durchlaucht singt
sie das gleiche Lied![11]
Kobayashi Issa (1763–1828)

---

[7]Übersetzer unbekannt
[8]Übersetzung von Stephen Addiss mit Fumiko und Akira Yamamoto
[9]Eigene Übersetzung
[10]Übersetzer unbekannt
[11]Übersetzung von Gerolf Coudenhove

10

Boue
qui s'écoule –
s'éclaircit[12]

    Taneda Santōka (1882–1940)

Schlamm
der abfließt –
klärt sich auf[13]

Mut ist
das Salz der Erde – Reines Weiß
der Pflaumenblüte[14]

    Nakamura Kusatao (1901–1983)

Wintermöwen
im leben ohne zuhause
im tode ohne grab[15]

    Katō Shūson (1905–1993)

Though unseen, death comes
following in our footsteps
under starry skies.[16]

    Michio Nakahara(*1951)

Obwohl unsichtbar, folgt der Tod
unseren Fußspuren
unter dem Sternenhimmel.[17]

Schritte verhallen
auf den Pfaden des Lebens
Nur Fährten bleiben

    Erhard Horst Bellermann (DE)

grenzenlose fragen
nach menschlichkeit
enden am schlagbaum

    Hans Egener (AT)

In jedem Palast,
und auch in jeder Hütte,
der gleiche Abend.

    Michael Groißmeier (DE)

Das ganze Leben
wie ein einziges Gespräch.
Wichtig die Pausen.

    Günther Klinge (DE)

das alte jahr
wird zum neuen jahr
zum alten jahr

    Ralph Günther Mohnnau (DE)

Der Himmel
überall anders
gehört doch jedem einzelnen

    Petra Quintus (DE)

---

[12]Übersetzer unbekannt
[13]Eigene Übersetzung
[14]Übersetzung von Eduard Klopfenstein und Masami Ono-Felle
[15]Übersetzer unbekannt
[16]Übersetzer unbekannt
[17]Eigene Übersetzung

Das innere Kind
kann die Uhr
nicht überlisten
    Traude Veran (AT)

wenn die nacht sich senkt
zerrinnt im deutelosen
hütte und palast
    Paul Vogel (DE)

Het geweten mag dan
een goed geheugen hebben;
het kent geen sancties.
    Ad Beenackers (NL)

Das Gewissen mag
ein gutes Gedächtnis haben,
aber es kennt keine Sanktionen[18].

uitzicht
elke dag hetzelfde
geen dag hetzelfde
    Gia Giskes (NL)

Aussicht
jeden Tag dieselbe
keinen Tag dieselbe

Voorbij de tranen
geven herinneringen
een gevoel van troost.
    Gerda van Grunningen (NL)

Nach Tränen
spenden Erinnerungen
ein Gefühl von Trost.

samen wandelen
alsof het er niet toe doet
dat het hard regent
    Pom Hoogstadt (NL)

Gemeinsam gehen
als ob es keine Rolle spielte
dass es stark regnet

er is meer tussen
een kind en een luchtballon
dan een stukje touw
    Mark Kinet (BE)

da ist mehr zwischen
einem Kind und einem Luftballon
als ein Stückchen Schnur

---

[18]Alle Übersetzungen aus dem niederländischen Sprachraum sind meine eigenen. Im Übrigen ist gerade hier eine auffallende Tendenz zum Aphorismus festzustellen!

enkele woorden
hebben vaak meer te zeggen
dan een lange preek
    Bas Kool (NL)

einzelne Wörter
haben oft mehr zu sagen
als eine lange Predigt

de middag wolkjes--
ook zij hebben schaduwen
en drijven voorbij
    Wim Lofvers (NL)

die Mittagwolken
auch sie haben Schatten
und treiben vorbei

Een weerhaak van woorden.
Daarmee haalt de dichter
de dingen dichterbij.
    Bart Mesotten (BE)

Ein Widerhaken aus Worten.
Damit holt der Dichter
die Dinge näher herbei.

Monnik en krijger
laven onderweg hun dorst
aan dezelfde born
    Siem van den Nieuwendijk (NL)

Mönch und Krieger
stillen unterwegs ihren Durst
an derselben Quelle

Al hetgeen je hebt
moet je kunnen loslaten
om te behouden
    Arie Onderdelinden (NL)

Alles, was du hast
musst du loslassen können
um es zu behalten

Het leven is varen
op de zee van de tijd maar
alleen de zee blijft
    Herman Van Rompuy (BE)

Das Leben ist Segeln
auf dem Meer der Zeit, aber
allein das Meer bleibt

De pilgrim loopt
over een ongebaand pad
naar de eeuwigheid
    Jaap van't Veer (NL)

Der Pilger läuft
auf einem unwegsamen Pfad
zur Ewigkeit

steeds op mijn hoede
nergens ben je veilig voor
herinneringen

    Max Verhart (NL)

immer auf der Hut
nirgends bist du sicher vor
Erinnerungen

vanuit de stilte
op het scherp van zwijgen
te woord gaan of niet

    Jac Vroemen (NL)

aus der Stille
auf der Schneide des Schweigens
losreden oder auch nicht

Views change
in the autumn
of life.

    D. Ronnie Barrett (US)

Ansichten ändern sich
im Herbst
des Lebens.

Free – Birds?
They owe their droppings
to the earth.

    W. R. Demastus (US)

Frei – Vögel?
Sie verdanken ihren Kot
der Erde.

key that fits
everything
fits nothing

    LeRoy Gorman (CA)

ein Schlüssel, der
zu allem passt
passt zu nichts

evening coming
people rushing home to change
into other lives

    Cor van den Heuvel (US)

mit dem kommenden Abend
eilen die Menschen nach Hause um
in ein anderes Leben zu wechseln

Powerful, rich men
never send their sons to death –
they send mine to war-death.

    Ange Mills-Lewis (US)

Mächtige, reiche Männer
schicken ihre Söhne nie in den Tod –
sie schicken meine in den Kriegstod.

the answer we are
is the riddle
we search for
    George Swede (CA)

die Antwort, die wir sind,
ist das Rätsel,
nach dem wir suchen

Et parti de rien
il était plus que probable
qu'il n'arrive à rien
    Patrick Blanche (FR)

Und von nichts ausgegangen
war es mehr als wahrscheinlich,
dass es zu nichts führen würde

Ils sont libres
les mots
que l'on ne comprend pas
    Michèle Cabane (FR)

Sie sind frei
die Worte
die man nicht versteht

flocon après flocon
ce qui n'a pas de poids
fait ployer la branche
    Pierre Saussus (FR)

Flocke für Flocke
was kein Gewicht hat
beugt den Ast

Retrouver,
Aux plus simples choses
Des parcelles d'éternité!
    Julien Vocance (FR)

Wiederfinden,
in den einfachsten Dingen
Quäntchen von Ewigkeit!

la ligne d'horizon
toujours la même
infranchissable
    André Vézina (FR)

die Horizontlinie
immer die gleiche
unüberschreitbar

Viejo estanque
el tiempo sin embargo
no lo arruga
    Salim Bellen (RL/CO)

Alter Teich
doch die Zeit
zerrunzelt ihn nicht

La rivière ne demande pas
vers où elle roule
d'où elle vient[19]

    Jaanus Ermann (EE)

Der Fluss fragt nicht
wohin er fließt
woher er kommt

all is futile
when the prison
is within you[20]

    Zoe Zavina (GR)

Alles ist zwecklos
wenn das Gefängnis
in dir ist

Klaus-Dieter Wirth, Neuphilologe im Ruhestand, internationaler Haiku-Experte, aktives Mitglied in 7 Haiku-Gesellschaften, zahlreiche Veröffentlichungen, zuletzt das zweibändige Kompendium *Der Ruf des Hototogisu –Grundbausteine des Haiku* und die viersprachige Haiku-Anthologie *Stimmen der Steine*.

---

[19]Übersetzung von Jean Antonini
[20]Übersetzung wahrscheinlich von der Autorin selbst

Eleonore Nickolay

Die französische Ecke

GONG Nummer 74 (Januar 2022) ist etwas ganz Besonderes, denn es handelt sich um eine Sonderausgabe zum deutschsprachigen Haiku, zusammengestellt und ins Französische übersetzt von Klaus-Dieter Wirth und Eleonore Nickolay und unterstützt von der französischen Haiku-Dichterin Isabelle Freihuber-Ypsilantis.

Es beginnt mit der Geschichte des deutschsprachigen Haiku von Klaus-Dieter Wirth, gefolgt von einer Bestandsaufnahme von Eleonore Nickolay zur Präsenz von Haiku und Haiga im Internet und Kurzdarstellungen der regionalen Haiku-Gruppen und -Workshops. In zwei ausführlichen Gesprächen werden Christa Beau und René Possél und deren Haiku vorgestellt. Vierzehn weitere deutsche, österreichische und schweizerische Autoren und Autorinnen beschreiben ihren Lebens- und dichterischen Schaffensraum, gefolgt von je drei Haiku-Beispielen. Diese Kurzporträts lesen sich wie eine Reise durch Deutschland mit Abstechern nach Österreich und in die Schweiz. Visuell sind die Beiträge so angelegt: Jedem Text ist die Landkarte vorangestellt, auf der der jeweilige Wohnort markiert ist. Daran schließt sich ein Gang durch die Jahreszeiten mit je einem Haiku von noch einmal dreißig deutschsprachigen Autoren und Autorinnen an. Auch Haiga-Künstler und -Künstlerinnen sind mit vier Werken vertreten, sodass der französischen Leserschaft insgesamt 50 deutschsprachige Autoren und Autorinnen vorgestellt werden. Die französischen Haiku-Dichtenden ihrerseits wurden aufgerufen, Haiku, aber auch Tanka und Haibun zum Thema Deutschland, Österreich und der Schweiz einzureichen. Texte, die teils zum Schmunzeln anregen, wenn von Currywurst oder Socken in Sandalen die Rede ist. Texte voller Sympathie, Freundschaft, ja bisweilen Bewunderung, aber auch ohne Scheu, die schmerzhafte Vergangenheit zu thematisieren, wie Jean Antonini in seinem Haibun. 1943 wurde das Haus seiner Urgroßeltern von den Deutschen völlig zerstört, und seine Großmutter verbrachte zwei Jahre im Konzentrationslager Ravensbrück. Seine Eltern wollten nicht, dass er Deutsch lernt. Seiner eigenen Tochter verweigerte Jean dies nicht, und am Ende seiner berührenden Erzählung steht die Versöhnung mit der Vergangenheit, als er die Eltern einer deutschen Austauschschülerin umarmt und in seinem abschließenden Haiku feststellt:

zeitgeist –	Zeitgeist –
regret de ne pas avoir	das Bedauern diese Sprache
appris cette langue	nicht gelernt zu haben
Jean Antonini	

Aus dem Krankenhaus schrieb mir eine Freundin, langjähriges Mitglied der „Association Francophone du Haïku", per SMS ein Haiku. Welch vielschichtige Bedeutung das Wort „Sehnsucht" für sie gehabt haben musste, erfasste ich erst, als ich einen Monat später von ihrem Tod erfuhr. Ihr und der Haiku-Dichterin und Illustratorin von Gong, Joëlle Ginoux-Duvivier, die ebenfalls 2021 verstarb, haben wir diese Ausgabe gewidmet.

Passant une frontière	an der Grenze
de mes cours d'allemand remonte	Erinnerung an das Wort Sehnsucht
le mot Sehnsucht	aus meinem Deutschunterricht
Françoise Lonquety (†)	

Tony Böhle

Body Positivity und Tanka:
5-7-5-7-7 zwischen Anspruch und Wirklichkeit

Schlägt man den Begriff *Tanka* nach, stößt man in der Literatur auf verschiedene Definitionsversuche. Gemein ist den meisten die Beschreibung als ca. 1.300 Jahre alte reimlose japanische Gedichtform. Was die Formgebung betrifft, gehen die Ausführungen wahlweise von 31 Moren bzw. Silben aus, die im Schema 5-7-5-7-7 gegliedert sind. So griffig und verlockend einfach diese Definitionen auch sein mögen, bedürfen sie aus mehreren Gründen durchaus einer kritischen Betrachtung.

Was die Gliederung fünf Phrasen zu 5-7-5-7-7 Silben betrifft, stehen wir immer noch unter dem Einfluss der älteren Tanka-Übersetzungen, die größtenteils aus Übersetzungen von klassischen Waka-Sammlungen in eben diesem Silbenschema stammen und bisweilen noch heute als Vorlage für eigene Tanka-Versuche dienen. Dieser Einfluss hat bis heute eine zwiespältige Wirkung hinterlassen. Einerseits ist es gelungen, einem breiteren Publikum Einblicke in die klassische japanische Dichtung zu geben und vielleicht einen Hauch der Faszination ihrer Formen zu vermitteln. Andererseits führt dies auch zu einer verzerrten Wahrnehmung dessen, was ein Tanka ist und vermag, da die Entwicklungen des 20. Jh. hin zur modernen Lyrik nicht abgebildet wurden. Zunächst einmal erscheint eine Übertragung der japanischen Tanka (oder Waka) in eine fünfzeilige Form mit 31 Silben logisch oder sogar zwingend, da die Zeilenumbrüche die Phrasen auch optisch verdeutlichen und der Unterschied zwischen Silben und Moren nicht allzu offensichtlich erscheint. Zudem schaffen solche vermeintlich „einfachen" Strukturen und Regeln schnell ein gut handhabbares Orientierungsmuster. Unterzieht man diese 5-7-5-7-7-Silben-Konvertierung (feste Form) einer genaueren Betrachtung, kann sie nicht unumstritten bleiben.

Wie bereits verschiedentlich diskutiert wurde, sind *Moren* (Einzahl Mora) im Vergleich zur Silbe eine kleinere Lauteinheit. Dieser Umstand soll deshalb hier nicht noch einmal ausführlich diskutiert, sondern zur Erinnerung nur mit einem Beispiel unterstrichen werden: Nippon hat in Japanisch vier Moren (*ni-p-po-n*), aber im Deutschen nur zwei Silben (*nip-pon*). In der Folge können deutschsprachige Tanka in der festen Silbenform schnell überfrachtet wirken im Vergleich zu dem, was uns die japanischen Originale in ihren 31 Moren bieten. Zwei weitere Punkte, die seltener betrachtet werden, sollen aber auch noch angesprochen sein. Erstens sollte beachtet werden, dass die japanische Schriftsprache mit ihren zahlreichen *Kanji* eine zusätzliche Gestaltungsebene besitzt, auf die wir in unserer Sprache beim Verfassen eigener Texte gänzlich verzichten müssen. Zweitens stellte – und stellt – die Form der 31 Moren, aufgeteilt in Phrasen zu 5-7-5-7-7 Moren, seit den Anfängen des Waka, des klassischen Tanka, bis hin zum modernen Tanka zwar ein Ideal dar, nach dem bis heute auch der überwiegende Teil der Tanka verfasst werden, aber sie galten und gelten nicht als absoluter Maßstab für die Zugehörigkeit eines Gedichts zu dieser Form. Schon in den ersten Waka-Sammlungen finden sich Beispiele für Tanka mit weniger oder mehr als 31 Moren, die wegen ihrer abweichenden Morenzahl nicht als mängelbehaftet angesehen wurden. Diese Techniken der fehlenden (*ji-tarazu*) oder überzähligen (*ji-amari*) Moren wurde bewusst als Technik eingesetzt. Besonders gewichtige inhaltliche Aussagen können durch ein Segment mit „Überlänge" auch äußerlich repräsentiert, Unzulänglichkeiten durch „verkürzte" Segmente veranschaulicht werden.

Daneben existieren noch weitere Techniken, die mit den Regeln der festen Form spielen. Tanka, die eine Morenzahl von 5-7-5-9-5 oder 8-4-5-7-7 aufweisen, sind Beispiele für Aufspaltungen (*ku-ware*) und Spreizungen (*ku-matagari*).

tatoeba kimi (6)	for instance, sweetheart –
gasatto ochiba (7)	won't you sweep me off
sukuu yo ni (6)	as if
watashi o saratte (8)	you are scoping up
itte wa kurenu ka (8)	an armful of fallen leaves
Kawano Yuko	

Wie wäre es, Du!
Könntest du nicht mal, schwupps
– wie man nach einem
fallenden Blatt hascht –
zupacken und mich entführen?

haha no na wa akane (8)	mother's name, Crimson
ko no na wa (4)	son's name Cloud
kumo nari ki (5)	down the hill
oka o shizuka ni (7)	they amble quietly
kudaru yaseiba (7)	those horses

  Kazuhiko Ito

Der Name der Mutter *Karmin*,
Wolke der des Sohns.
Hügelabwärts
trotten sie ruhig,
diese Pferde.

Aufteilungen wie diese können ähnlich einer Fermate oder einer Synkopierung in einem Musikstück wirken[1]. Dieser Vergleich mag auf den ersten Blick weiter hergeholt erscheinen, als er eigentlich ist, denn Tanka wurden ursprünglich in einer Art von Sprechgesang dargeboten. Daneben ist auch ein reiches Spiel mit der Aufteilung zwischen Oberstollen (*kami-no-ku*) und Unterstollen (*shimo-no-ku*). Auch wenn diese traditionell zwischen der dritten und vierten Phrase erfolgt (5-7-5/7-7), gibt es Fälle, in denen gar kein Schnitt gesetzt wird bzw. an einer anderen Stelle (z. B. 5-7/5-7-7 oder 5-7-5-7/7).

 Diesbezüglich darf allerdings nicht außer Acht gelassen werden, dass der Gebrauch dieser Gestaltungsmittel nur in Bezugnahme auf die feste Formgebung Sinn ergibt, sich also als ein Spiel mit dieser versteht. Entsprechend wurde die 31-Moren-Form des Waka bzw. Tanka bis zum An-

---

[1] Ishikawa, Mina (2016): About Tanka. In: Jung Journal 10 (1), S. 32–36.

fang des 20. Jh. nicht grundsätzlich infrage gestellt und gilt bis heute als „Normalzustand". Gleichwohl vertrat schon Masaoka Shiki (1867–1902) die Ansicht, man könne Tanka mit 33 Moren gelten lassen, ohne ihre Überlänge als Mangel zu betrachten. Yosano Akiko (1878–1942), die Galionsfigur der romantischen Bewegung, erweiterte ihre Tanka aus stilistischen Gründen gelegentlich um wenige zusätzliche Moren, insbesondere im ersten und letzten Segment, inhaltlich und vom Gehalt her durch ihre kühne Verwendung von Stilfiguren. Schließlich meinte Ishikawa Takuboku (1886–1912), das traditionelle Metrum sei zu eng, man könne auch 41 oder gar 51 Moren erlauben[2].

Dies mag einen ersten Eindruck vermitteln, wie uns die Transformierung der japanischen Tanka-Form in westlichen Sprachen vor einige Herausforderungen stellt, die nur bedingt zu überwinden sind – auch vor dem Hintergrund, dass die liebgewonnene Vorstellung, japanische Tanka wären immer im 5-7-5-7-7-Morenschema verfasst, sich als trügerisch erweist.

Mit der tieferen Beschäftigung vieler Tanka-Enthusiasten in den westlichen Ländern, allen voran den USA, wurde versucht, dem Original auf andere Weise näher zu kommen. Dahingehend verfassen viele westliche Autoren ihre Tanka im Phrasenschema kurz-lang-kurz-lang-lang, wobei die „langen" Phrasen maximal sieben Silben tragen sollen und die längste der „kurzen" Phrasen kürzer sein soll als die kürzeste der „langen". Dies bewahrt das Liedhafte der japanischen Urform und gibt eine ausreichende Reminiszenz an das Ideal des Formschemas. Man kann daher wohl nicht sagen, dass die feste Form näher am Original ist als die Abfassung in kurzen und langen Phrasen. Andere Autoren gehen noch weiter und beschränken sich lediglich auf das Einhalten der fünf Zeilen und eine relative Kürze des Textes. Dies entfernt sich allerdings ein ganzes Stück weiter von der Urform, nötigt dem Verfasser aber die wenigsten Zugeständnisse an formale Aspekte ab.

---

[2]Wenzel, Udo (10.09.2006): Der Geschmack des Tanka. Ingrid Kunschke im Gespräch mit Udo Wenzel. Interview mit Ingrid Kunschke. Online verfügbar unter: https://www.haiku-heute.de/arc hiv/kunschke-wenzel-der-geschmack-des-tanka/, zuletzt geprüft am 01.04.2021.

Ein Aspekt, der bislang kaum Anlass zu Diskussionen bot, ist die Frage, in wie vielen Zeilen ein Tanka notiert werden sollte. Den traditionellen japanischen Waka und Tanka war ein Aspekt gemein: Über tausend Jahre lang hatte man sie in einer Zeile notiert. So erscheint es auch wenig erstaunlich, dass erst nach der Öffnung Japans in der zweiten Hälfte des 19. Jh. und unter den Eindrücken europäischer Literatur eine Reform des Tanka einsetzte, deren bekannteste Gestalten Masaoka Shiki und Yosano Tekkan (1873–1935) waren. Diese betraf nicht nur eine thematische und sprachliche Öffnung, sondern auch Gesichtspunkte der Notierung. Dabei experimentierte Tekkan beispielsweise mit der Schreibung in zwei Zeilen, was sich jedoch noch an die traditionelle Struktur des Tanka und dessen Aufteilung in Oberstollen und Unterstollen anlehnte. Schon vor Takuboku, im April 1910, hatte Tiki Aika, den Takuboku im folgenden Januar kennenlernen sollte, in seiner in lateinischer Schrift veröffentlichten Tanka-Sammlung *Nakiwarai* die dreizeilige Form gewählt. Doch war es Takuboku, der mit seinen Tanka den entscheidendsten Einfluss ausübte[3]. Zur Illustration soll hier das vielleicht bekannteste Tanka aus der Sammlung *Eine Handvoll Sand (Ichiaku no Suna,* 一握の砂) von 1910 dienen.

東海の
小島の磯の
白砂に
われ泣きぬれて
蟹とたわむる

Tōkai no
kojima no iso no
shirasuna ni
ware naki nurete
kani to tawamuru

Im weißen Sand
des Strandes einer kleinen Insel
im östlichen Meer
in Tränen aufgelöst
spiele ich mit den Krabben

---

[3]Ishikawa, Takuboku; Schamoni, Wolfgang (1994): Trauriges Spielzeug. Gedichte und Prosa. 1. Aufl.: Insel Verlag (Japanische Bibliothek im Insel-Verlag). S. 175–176, 181.

Strukturell gesehen handelt es sich um ein Tanka in der traditionellen Form mit einer Aufteilung in 5-7-5-7-7 Moren. Entsprechend werden Übersetzungen bis heute noch oft in der fünfzeiligen Form vorgenommen, obwohl diese nicht der Vorgabe des Autors entspricht. Takuboku selbst fasste die ersten drei Moren-Phrasen (5-7-5) in einer Zeile zusammen und setzte dazu die beiden folgenden Moren-Phrasen (7 und 7) jeweils in eine eigene Zeile. Dies mag auf den ersten Blick ein marginaler Unterschied sein, findet aber durchaus eine inhaltliche Begründung: „Im weißen Sand/ des Strandes einer kleinen Insel / im östlichen Meer" erzeugt unter Verwendung der sog. Zoom-Technik das Gefühl der Winzigkeit bzw. Bedeutungslosigkeit des lyrischen Ichs und setzt eine objektive Ortsangabe, die zunächst keinen Berührungspunkt mit dem inneren menschlichen Kosmos findet. Dagegen werden die beiden letzten Segmente durch Umbrüche abgesetzt. Das Segment „in Tränen aufgelöst" bietet einen Einblick in den Gefühlszustand, jenen inneren menschlichen Kosmos, den die erste Zeile verweigert hat. Das Segment „spiele ich mit den Krabben" zeigt schließlich eine Aktion, vielleicht als Reaktion, auf. Es ist sicherlich müßig zu spekulieren, weshalb Takuboku im Einzelfall die jeweilige Notierung wählte, doch lässt sich in diesem Beispiel eine Strukturierung der Zeilenform nach dem Inhalt erkennen, die über einen reinen Umbruch zwischen Oberstollen und Unterstollen hinausgeht.

Interessant in diesem Zusammenhang ist auch die Tanka-Literatur japanischer Emigranten, die im späten 19. Jh. und frühen 20. Jh. begannen, ihre Werke in Englisch, also einer westlichen Sprache ohne Moren, *Hiragana*, *Katagana* und *Kanji*, zu verfassen. Auch sie mussten sich mit der Frage konfrontiert sehen, ob und wie das Tanka in eine andere Sprache zu konvertieren wäre, wobei sich durchaus verschiedene Resultate ergaben. Einer dieser Tanka-Pioniere war Sadakichi Hartmann (1867–1944), ein Japaner deutscher Abstammung, der im frühen 20. Jh. von Japan über Hamburg schließlich in die USA gelangte. Er veröffentlichte seine Tanka (*Tanka and Haikai: Japanese Rhythms*, 1916, rev. 1920) in der bekannten festen Form als Fünfzeiler.

Winter? Spring? Who knows?
White buds from the plumtrees wing
And mingle with the snows.
No blue skies theses flowers bring,
Yet their fragrance augurs Spring.

    Sadakichi Hartmann[4]

        Winter? Frühling? Wer weiß?
        Weiße Blüten wehen vom Pflaumenzweig
        Und mischen sich mit dem Schnee.
        Diese Blüten bringen keine blauen Himmel,
        Doch ihr Duft verheißt den Frühling.

Weitaus experimentierfreudiger zeigte sich hingegen Jun Fujita (1888–1963). Geboren in Nishimura, einem Dorf in der Nähe Hiroshimas, wanderte er als Jugendlicher nach Kanada und später in die USA aus, um dort als Fotojournalist, Fotograf und Stummfilmdarsteller zu arbeiten.

On a country road	Entlang einer Landstraße
An old woman walks;	Zieht eine alte Frau;
The autumn sun casts her shadow	Die Herbstsonne wirft ihren Schatten
Long and thin.	Lang und dünn.

    Jun Fujita[5]

Häufig sind seine als „Tanka" betitelten Gedichte in vier Zeilen verfasst, denen teilweise Titel vorangestellt sind. Die Minderzahl dieser Tanka sind dabei Fünfzeiler, welche oft auch in „freier" Form mit hypometrischen oder hypermetrischen Zeilen verfasst sind. Ungeklärt bleibt, warum Fujita eine vierzeilige Übertragung bevorzugte; möglicherweise als Adaption an

─────────────────

[4]Hartmann, Sadakichi (2017): Tanka and Haikai: Japanese Rhythms. 1. Aufl.: Andesite Press,
[5]Garrison, Denis M. (Hg.) (2007): Jun Fujita, Tanka Pioneer. 1. Aufl.: Modern English Tanka Press.
  S. 59.

die anglophone Lyrik, in der vierzeilige Notierungen gängiger sind. Obwohl davon auszugehen ist, dass er mit klassischen Waka vertraut war, scheint die Formvorstellung von fünf Phrasen in fünf Zeilen kein entscheidender Teil seiner Tanka-Definition gewesen zu sein. Vorrang scheint die Übertragung des Tanka-Charakters zu bekommen – ob in eine vierzeilige oder fünfzeilige Form –, statt zu versuchen, ihn in ein schlecht sitzendes Korsett zu zwingen[6]. Dieser Ansatz stellt einen weitaus radikaleren Bruch mit den traditionellen Formvorstellungen dar, als das o. g. dreizeilige Tanka Takubokus, da dieses in seinem inneren Aufbau mit 5-7-5-7-7-Moren-Schema dem klassischen Idealbild verpflichtet bleibt und durch eine mehrzeilige Notierung nur ein zusätzliches Gestaltungselement erhält.

Neuere Transformierungsansätze, wie die der japanisch-stämmigen Herausgeberin des kanadischen Tanka-Journals *Gusts*, Kozue Uzawa (*1942), propagieren eine Orientierung an der Wörterzahl (10–15, maximal 20 Wörter für ein Tanka im Englischen) statt einer Zählung der Silben. Diese Art, das Tanka formal zu umreißen, wird u. a. vom amerikanischen Tanka-Autor Orrin PréJean verfolgt.

as fresh as lettuce in a salad	so frisch wie Lattich im Salat
this anger I harbor	dieser Zorn den ich hege
behind a tight smile	hinter einem verkrampften Lächeln
Orrin PréJean	

Erwähnenswert ist auch, dass einige Übersetzer und Übersetzerinnen, wie Juliet Winters Carpenter und Tamae K. Prindle, für die Übertragung von Tawara Machis (*1962), Sarada Kinenbis und Ishikawa Takubokus verschiedene Tanka-Sammlungen bewusst eine durchgängig dreizeilige Form wählen[7,8].

---

[6]Garrison, Denis M. (Hg.) (2007): Jun Fujita, Tanka Pioneer. 1. Aufl.: Modern English Tanka Press, S. 16.

[7]Tawara, Machi; Carpenter, Juliet Winters; van Starrex, Rudi (1990): Salad anniversary. 1. Aufl. New York, N.Y: Distributed in U.S. by Kodansha International/USA.

[8]Ishikawa, Takuboku (2010): On Knowing Oneself Too Well: Selected Poems of Ishikawa Taku-

空の青 海のあおさの その間 サ
ーフボードの君をみつめる

I watch you on your surfboard
poised between blueness
of sky and sea[9]

Auf deinem Surfbrett beobachte ich dich
schwebend zwischen dem Blau
des Himmels und des Meeres

Soweit stellen die genannten Punkte theoretische Überlegungen dar. Doch was würde eine Tanka-Notierung abweichend von der typischen fünfzeiligen Form für uns in der Praxis bedeuten?

Zum einen kann eine von der Norm abweichende Notierung natürlich als Gestaltungselement genutzt werden, das seine Wirkung aber nur voll entfaltet in Referenz zur fünfzeiligen Form – d. h. also, wenn dem Leser das Tanka in seiner fünfzeiligen Form bekannt ist. Ein weiterer Punkt dabei ist, dass die Mehrzahl der Tanka bei uns nicht in 5-7-5-7-7 Silben verfasst ist, sondern – wenn überhaupt – im Phrasenschema kurz-lang-kurz-lang-lang. Bei einer Notierung in der festen Form funktioniert dieses Erkennen wohl noch gut. Greift der Autor allerdings auf eine Form mit Phrasen im Kurz-lang-kurz-lang-lang-Schema, oder mehr noch, in einer freien Form zurück, ist dies wohl schon deutlich schwieriger. Innerhalb der einschlägigen Zeitschriften, Webseiten und Foren ist das wohl möglich. Im Kontext allgemeiner Lyrik(zeitschriften) wäre ein solches Tanka wohl nicht mehr als dieses erkennbar. Doch ohnehin ist das Tanka als Versform in Deutschland noch so wenig bekannt, dass es wohl kaum jemand wahrnehmen würde. Dennoch könnte eine „Verschleierung" der fünfzeiligen Tanka-Form eine gewisse Wirkung besitzen, da das Tanka bislang noch als etwas Exotisches wahrgenommen wird, das man nicht ganz so ernst zu nehmen braucht oder das durch eine gewisse Erwartungshaltung in ein bestimmtes „japanisches" Licht gerückt wird.

---

boku. Unter Mitarbeit von Tamae K. Prindle. 1. Aufl.: Syllabic Press.
[9]Tawara, Machi; Carpenter, Juliet Winters; van Starrex, Rudi (1990): Salad anniversary. 1. Aufl. New York, N.Y: Distributed in U.S. by Kodansha International/USA, S. 9.

Die soweit angeführten Punkte machen eines wohl klar: Lässt man die formalen Aspekte der 31 Lauteinheiten und deren Aufteilung in fünf Zeilen bzw. Phrasen beiseite, wird es schwerfallen, eine allgemeingültige Definition des Tanka zu finden – schwerer zumindest als beim verwandten Haiku. Gibt es dort doch die Möglichkeit, auch jenseits der Formgebung gewisse Eigenheiten wie den Naturbezug, das *Kigo*, eine gewisse Unpersönlichkeit bzw. Konzentration auf einen besonderen Augenblick und relative Kürze als Gattungskriterien heranzuziehen. Vielleicht mögen es diese Umstände auch einfacher machen, Texte als Haiku zu erkennen bzw. zu akzeptieren, die weder genau 17 Silben in der Aufteilung 5-7-5 noch eine andere Nachempfindung der ursprünglichen japanischen Form enthalten.

Solche Erkennungszeichen gibt es für das Tanka nicht, oder zumindest scheinen sie uns nicht so offensichtlich. Murō Saisei (1889–1962), ein Romanautor, der auch Haiku verfasste, jedoch keine Tanka, befand das Tanka als novellistisch (*shosetsuteki*), während er dem Haiku einen moralistischen Charakter (*dotokuteki*) zuerkannte. Was Sasei mit „novellistisch" meinte, ist, dass das Tanka narrative Elemente enthält und vom Kosmos menschlicher Befindlichkeiten – emotionalen, mentalen, spirituellen oder physischen – besiedelt ist. Solche menschlichen Befindlichkeiten stehen nicht im Zentrum des Haiku, wo die Natur – wie immer wir diese definieren möchten – vorherrscht, der Mensch in den Hintergrund tritt, um mit ihr im Gleichklang zu stehen[10].

Für jeden, der sich erstmals mit dem Tanka zu beschäftigen beginnt, können solche Ideen, Ausführungen und Diskussionen verwirrend sein, da sie den klar umrissenen und taghellen Raum der 31 Silben in fünf Zeilen in ein verwinkeltes Gebäude mit lichten und schattigen Flecken verwandeln. Dennoch sind differenzierte Betrachtungen nötig, denn so wenig wie alles, was in 5-7-5-7-7 Silben verfasst wird, auch ein Tanka ist, schließt eine

---

[10]Gotō, Miyoko; Tsukimura, Reiko (1988): I am alive. The tanka poems of Gotō Miyoko, 1898–1978. 1. Aufl.: Katydid Books (Asian poetry in translation Japan, 10), S. 14.

Notierung abweichend von 31 Silben und fünf Zeilen aus, dass es sich um ein Tanka handeln kann!

Am Ende bleibt eines festzuhalten: Eine einhundertprozentig getreue Übertragung der japanischen Tanka-Form in eine westliche Sprache ist unmöglich. Wir können nur versuchen, ihr auf verschiedene Weisen nahe zu kommen, auch dadurch eigene Wege zu gehen. Dies erfordert vielleicht einiges an Mut, jedoch noch mehr ein weiterreichendes Verständnis dessen, was ein Tanka ist oder sein kann. Dennoch ist es möglich, so paradox es auch scheint, sich dem Kern des Tanka zu nähern, indem man sich scheinbar von ihm entfernt.

tagundnachtgleiche
nichts
hat mir heute gefehlt

Foto: Claudia Brefeld, Haiku: Bernadette Duncan

Moritz Wulf Lange

Die Anfänge des deutschsprachigen Haiku

Teil 5 – der Beginn der deutschsprachigen Haiku-Tradition
nach Kriegsende

Wie wir in Teil 1 – 4 gesehen haben, gab es bis Kriegsende keine gefestigte
Tradition deutschsprachiger Haiku-Dichtung. Nur wenige Schriftsteller
schrieben vereinzelt Haiku, außerdem spielte das Haiku in der Jugendbe-
wegung bereits eine kleine Rolle. Formale Schnittmenge der frühen
deutschsprachigen Original-Haiku war die Dreizeiligkeit ohne Überschrift,
die Verslänge war nicht festgelegt. Auf dem Weg zu einer selbstständigen
deutschsprachigen Haiku-Dichtung scheint nun eine einzelne Anthologie
von großem Einfluss gewesen zu sein: Immer wieder wird in der Literatur
die Sammlung „Ihr gelben Chrysanthemen!", 1939 herausgegeben von
Heinrich Tieck, nachgedichtet von der Wiener Sinologin und Japanologin[1]
Anna von Rottauscher, erwähnt.[2] Ihre Sammlung wird in der Literatur als
Auftakt einer ungebrochenen und selbstständigen Haiku-Tradition gese-
hen, die nach Kriegsende begründet wird.[3]

Was hat es mit ihren Übersetzungen auf sich? Auf der formalen Ebene
haben ihre Haiku nur wenige der klassischen Kennzeichen: Rottauscher
hält sich lediglich an die dreizeilige Form. Die Zeilenlänge berücksichtigt
sie, wie fast alle Vorkriegsautoren, nicht – von 220 Haiku folgt kein einzi-
ges dem 5:7:5-Längenschema. Obendrein fügte sie ihren Übersetzungen
auch noch Überschriften hinzu. Damit hat sie sich im Grunde genommen
weiter von der klassischen Haiku-Form entfernt, als es Franz Blei, Yvan
Goll und Rainer Maria Rilke getan haben. Aber Rottauscher fand offenbar

---

[1]Nach Sommerkamp 1989, S. 58; schwerpunktmäßig scheint Rottauscher als Sinologin gearbeitet
zu haben (vgl. Walravens 1994).
[2]Nach Fussy 1983, S. 57 f; in diesem Sinne auch Wittkamp 2005, S. 85 und S. 200. Auch Sommer-
kamp 1989, S. 58 f. hebt die besondere Bedeutung Rottauschers hervor.
[3]Vgl. z. B. Sommerkamp 1989, S. 57 und Wittbrodt 2005, S. 199.

30

zu einer ansprechenden, angemessenen Sprache[4] – die obendrein ohne Reim und Metrum auskam, was z. B. beides 45 Jahre früher von Karl Florenz bei seinen Übersetzungen noch für notwendig gehalten worden war. Rottauscher berücksichtigte bei der Anordnung ihrer Übersetzungen außerdem erstmals die Jahreszeiten,[5] die im klassischen Haiku eine so große Rolle spielen.

Das Buch muss über viele Jahre ziemlich erfolgreich gewesen sein. Und lautete der Untertitel der ersten Auflage von Rottauschers Buch, 1939, noch „Japanische Lebensweisheit [/] Haiku", wurde ihr Buch spätestens mit der siebten Auflage 1954 im Untertitel einfach als „Japanische Haiku" verkauft. Der Begriff *Haiku* war in der Leserschaft 15 Jahre nach Erscheinen der Erstausgabe offenbar ausreichend eingeführt, sodass die zusätzliche Etikettierung „Lebensweisheiten" wegfallen konnte. Interessanterweise taucht die irreführende Bezeichnung „Japanische Lebensweisheit" noch später auf dem Titelblatt wieder auf – nachweislich bei der 10. Auflage von 1971,[6] die in einem anderen Verlag erschienen ist. Ob hier die Marketingabteilung des Verlags eine Tendenz zur Sinnsuche beim Zielpublikum gesehen hat und diese bedienen wollte? Wir können darüber nur spekulieren.

Weitere Anthologien anderer Herausgeber trugen in den folgenden Jahren und Jahrzehnten ebenfalls dazu bei, das Haiku bekannt zu machen und zu verbreiten. Beispielhaft sei hier nur „Liebe, Tod und Vollmondnächte" von Manfred Hausmann genannt – das Buch erschien erstmalig 1951 und erlebte ebenfalls mehrere Nachauflagen.

Im ersten Friedensjahrzehnt begannen Autoren, die oft nichts voneinander wussten,[7] gleichzeitig und unabhängig voneinander außer Nachdichtungen auch originale Haiku zu verfassen.[8] In Wien z. B. beschäftigten

---

[4]In diesem Sinne Fussy 1983, S. 58.
[5]Darauf weist Wittbrodt 2005, S. 85 hin.
[6]Rottauscher 1971; bei Wittbrodt ist noch von lediglich neun Auflagen die Rede, vgl. Wittbrodt 2005, S. 85.
[7]Nach Fussy 1983, S. 55.
[8] Sommerkamp 1989, S. 59.

sich Hans Carl Artmann, René Altmann, Andreas Okopenko und Hans Weissenborn mit dem Haiku.[9] (Artmann hörte 1951 schon wieder auf, Haiku zu publizieren[10], und kam erst Jahrzehnte später noch einmal auf das Haiku zurück.) In Berlin entstand ein Kreis um Joachim Uhlmann.[11] Ein weiterer Autor, der sich dem Haiku zuwandte, war der Österreicher Karl Kleinschmidt. Sein erster Lyrikband[12] mit recht konventionellen Gedichten hatte noch kein einziges Haiku enthalten. Sein zweiter Band (mit dem Titel „Der schmale Weg"), in dem er – nach Wittbrodt – auch Haiku publizierte,[13] erschien 1953.[14] Dieses Buch gilt als die erste selbstständige Haiku-Publikation der Nachkriegszeit,[15] obwohl Sommerkamp ihm eine „noch wenig selbstständige Vorgehensweise" bescheinigt;[16] Herbert Fussy stellt fest, dass Kleinschmidt seine Arbeit noch sehr an Rottauschers Übersetzungen anlehnte.[17] Als Beispiel sei einer von Kleinschmidts Texten hier wiedergegeben:

Einsame Birke
Wolke im Blau
schmaler Weg nirgendwohin[18]

Nach Sommerkamp und Wittbrodt markiert Kleinschmidts Buch nachweislich den Beginn der deutschsprachigen Haiku-Dichtung nach Kriegsende.[19] Sechs Jahre später, 1959, publizierte der Autor und Dichter Hajo

---

[9]Nach Buerschaper 1987, S. 97 und Sommerkamp 1989, S. 59.
[10]Nach der Veröffentlichung [1950, vgl. Wittbrodt 2005, S. 296] von »über das hokku« [sic] publizierte Artmann rund 30 Jahre lang keine Gedichte in japanischer Formtradition mehr, Wittbrodt 2005, S. 299.
[11]Kato 1986, S. 27.
[12]Kleinschmidt o.J.
[13]Wittbrodt 2005, S. 204.
[14]Sommerkamp 1989, S. 59.
[15]nach Wittbrodt 2005, S. 200.
[16]Sommerkamp 1989, S. 59.
[17]nach Buerschaper 1987, S. 98.
[18]Zitiert nach Kato 1986, S. 28.
[19]Sommerkamp 1989, S. 59 und Wittbrodt 2005, S. 200.

Jappe im Privatdruck einen kleinen Band mit Haiku.[20] Andere Autoren schrieben Haiku, ohne an eine Veröffentlichung zu denken. So verfasste der Wissenschaftler Gottfried Koller, der das Haiku durch einen japanischen Kollegen kennengelernt hatte, bis 1959 etliche Haiku; sie wurden 1964, ein paar Jahre nach Kollers Tod, herausgegeben.[21]

Nach Wittbrodt erschien das erste Buch ausschließlich mit Haiku[22] 1955 unter dem Titel „Mohnblüten", geschrieben von der schweizerischen Dichterin Flandrina von Salis.[23] Ungefähr 75 Prozent von Salis' Haiku befolgen das 5-7-5-Längenschema der Verse (mit meist geringen Abweichungen bei den anderen) und orientieren sich damit noch mehr als Rottauscher in Richtung einer ausgearbeiteten Form. Aber auch Flandrina von Salis fügt ihren Gedichten, wie Rottauscher, zusätzlich noch Überschriften hinzu. (Das ändert sich bei Salis erst in späteren Jahren: In ihrem Gedichtband „Wahrnehmungen" von 1993 verzichtet sie auf Überschriften, rund 98 Prozent ihrer Haiku weisen das 5-7-5-Längenschema der Verse auf.)

Professor Erwin Jahn kannte v. Salis' Haiku nicht, als er am 13. Februar 1960 in der F.A.Z. einen Artikel zum Haiku schrieb. Jahn, der in Japan jahrzehntelang Deutsche Literatur gelehrt hatte, vertrat die Meinung, man könne die Form von Haiku auf Deutsch vage nachahmen, aber keine echten 17-silbigen Gedichte schreiben.[24]

Flandrina v. Salis hatte keine Ausgabe von „Mohnblüten" mehr, schickte Jahn aber einige ihrer Haiku aus dem Band.[25] Zwei Wochen später erhielt sie die Antwort. Sie war ausgesprochen anerkennend. Jahn schrieb, er hätte seinen Artikel anders verfasst, wenn v. Salis' Haiku ihm bekannt gewesen wären.[26]

Zu dieser Zeit lag dem Verlag Langen Müller gerade ein Manuskript zur

[20]Vgl. dazu Jappe 1992, S. 204.
[21]Koller o.J. [1964].
[22]nach Wittbrodt 2005, S. 204.
[23]Wittbrodt 2005, S. 204.
[24]Jahn 1960.
[25]Mit Brief vom 14.03.1960, vgl. Miesen, 2003, S. 7.
[26]Nach Miesen 2003, S. 7.

Prüfung vor.[27] Es ging um die Haiku-Sammlung einer Autorin, die bis dahin mehrere Romane herausgebracht hatte. Auch einzelne Haiku – z. T. mit Überschriften und meist nicht dem 5-7-5-Längenschema folgend – hatte sie bereits veröffentlicht.[28] Im Verlag las man den Artikel in der F.A.Z. und schickte ihn kommentarlos an die Autorin. Sie entschloss sich daraufhin, ihr Manuskript Prof. Jahn vorzulegen; sein Urteil sollte über die Veröffentlichung entscheiden. Es ist nicht überliefert, wie lange Prof. Jahn für seine Antwort brauchte. Die Autorin jedenfalls erhielt von ihm einen begeisterten Brief, worin Jahn u. a. konstatierte, ihre Haiku trügen" den Maßstab für eine kommende deutsche Haiku-Dichtung in sich."[29] Das Buch erschien dann 1962 mit dem Titel „Haiku" unter dem Namen *Imma Bodmershof*.[30] Der Rest ist, wie man so schön sagt, Geschichte.

Moritz Wulf Lange studierte Neuere Deutsche Literatur, Linguistik und Geschichte mit den Schwerpunkten Moderne Lyrik und Lexikologie/Lexikografie. Seit 2001 arbeitet er als freier Autor. Diese Artikelserie endet mit dem vorliegenden Beitrag. Sie ist 2021 in erweiterter Form und unter Berücksichtigung Imma Bodmershofs in dem Buch „Von Blei zu Bodmershof. Das deutschsprachige Haiku und seine Anfänge (1849–1962)" publiziert worden.

---

[27]Die hier beschriebene Begebenheit findet sich bei Bodmershof 1970, S. 8.

[28]Z. B. Bodmershof, I. 1959, S. 26 f.; die Angaben zu Überschriften und Längenschema beziehen sich ausdrücklich auf diese Veröffentlichung.

[29]Zitiert nach Bodmershof 1970, S. 8.

[30]Der amtliche Name, unter dem sie auch die meisten ihrer Haiku publizierte, lautet „Bodmershof" – ohne „von". Vgl. Cordons Biografie von Imma Bodmershof (= Cordon 2020) sowie Lange 2021, S. 57–59.

Literatur:

– Araki, Tadao (Hg.): Deutsche Essays zur Haiku-Poetik. Mit Illustrationen von Tsutomou Yoshikawa. O.O.: o.V., 1989. [= Sonderausgabe der „Deutsch-Japanischen Begegnungen im Lande Hessen]. In erweiterter Form erschienen als Araki Tadao (Hg.): Deutsch-Japanische Begegnung in Kurzgedichten. München: Iudicium, 1992.

– Bodmershof, Imma: Haiku und Tanka. In: Wort in der Zeit. Österreichische Literatur-Zeitschrift. April 1959, Heft 4, S. 26–27.

– Bodmershof, Imma: Haiku. Mit Zeichnungen von Ruth Stoffregen. München: Langen/Müller, 1962.

– Bodmershof, Imma: Sonnenuhr. Haiku. Salzburg, Bad Goisern: Stifterbibliothek, Neugebauer Press, 1970.

– Buerschaper, Margret: Das deutsche Kurzgedicht in der Tradition japanischer Gedichtformen. Haiku, Senryu, Tanka, Renga. Göttingen: Graphikum, 1987.

– Buerschaper, Margret: Das Jahreszeitenwort im deutschen Haiku. In: Araki, Tadao (Hg.): Deutsche Essays zur Haiku-Poetik. Mit Illustrationen von Tsutomou Yoshikawa. O.O.: o. V., 1989, S. 6–14.

– Buerschaper, Margret: Formen deutscher Haiku-Dichtung an ausgewählten Beispielen. Haiku-Seminar am 26.10.1991 in Frankfurt. In: Araki, Tadao (Hg.): Symposium zur Haiku- und Renku-Dichtung. 23. Mai 1992. Bericht. Köln: Japanisches Kulturinstitut, 1992, S. 9–16.

– Buerschaper, Margret: 25 Jahre mit 17 Silben. In: Wittbrodt, Andreas (Hg.): Tiefe des Augenblicks. Essays zur Poetik des deutschsprachigen Haiku. Hamburg: Hamburger Haiku Verlag, 2004, S. 12–23.

– Cordon, Cécile: Zwischen Hölderlin und Hitler. Die Schriftstellerin Imma Bodmershof und ihre Zeit (1895–1982). Leipzig: Eudora, 2020.

– Fussy, Herbert: Zur Geschichte des deutschen Haiku. In: apropos 1/1983, S. 52–59. [Zuerst publiziert in: Podium; Heft 1, 1980.]

– Hausmann, Manfred: Liebe, Tod und Vollmondnächte. Japanische Gedichte. Übertragen von Manfred Hausmann. Frankfurt/M.: Fischer, 1951.

– Jahn, Erwin: Winterabgeschiedenheit. Kann man japanische Haiku-Poesie nachahmen?, in: Frankfurter Allgemeine Zeitung, D-Ausgabe, Samstag 13. Februar 1960, Nr. 37, Feuilletonseite [ohne Seitennummerierung].

– Jappe, Hajo: Gesammelte Haiku. Mit einem Vorwort von Carl Heinz Kurz und einer editorischen Notiz von Georg Jappe. Göttingen: Graphikum, 1992.

– Kato, Keiji: Deutsche Haiku. Ein kurzer Beitrag zur vergleichenden Literaturgeschichte. Japanisch/Deutsch. Deutsche Übersetzung von Junko Lampert, Überarbeitung von Takako von Zerssen und Marga Rosskothen. Tokyo: Nagata, 1986.

– Kleinschmidt, Karl: Die Hohe Stunde. Gedichte. Brünn, Wien, Leipzig: Rohrer, o.J. (= Schriftenreihe der Gauhauptstadt Linz, Bd. III.)

– Koller, Gottfried: Warum so eilig? Haiku-Verse aus Selbach. Hg. v. Tadao Sato. O.O., o.J. [1964].

– Lange, Moritz Wulf: Von Blei zu Bodmershof. Das deutschsprachige Haiku und seine Anfänge (1849–1962). Norderstedt: edition das haiku bei BoD, 2021.

– Miesen, Conrad: Sind abendländische Haiku möglich? Flandrina v. Salis im Dialog mit Prof. Erwin Jahn. Ein Kapitel aus der frühen deutschsprachigen Haiku-Dichtung. In: Vierteljahresschrift der Deutschen Haiku-Gesellschaft. Jg. 16, Heft 63, Dezember 2003, S. 5–7.

– Rottauscher, Anna von: Ihr gelben Chrysanthemen! Japanische Lebensweisheit [.] Haiku [.] Nachdichtungen von Anna v. Rottauscher. Hg. v. Heinrich Tieck. Wien: Scheuermann, 1939.

– Rottauscher, Anna von: Ihr gelben Chrysanthemen [.] Japanische Haiku [.] Nachdichtungen von Anna v. Rottauscher. Hg. v. Heinrich Tieck. Siebte Auflage. Wien: Scheuermann, 1954.

– Rottauscher, Anna von: Ihr gelben Chrysanthemen! Japanische Lebensweisheit [.] Haiku-Dichtung [.] Nachdichtungen von Anna v. Rottauscher. Hg. v. Heinrich Tieck. Salzburg: Das Bergland Buch, 1971.

– Salis, Flandrina von: Mohnblüten. Abendländische Haiku. Holzschnitt-Zeichnungen von Conrad Meili. Olten: VOB, 1955.

– Salis, Flandrina von: Wahrnehmungen. [Im Titel; im Impressum als »Wahrnehmungen in Haiku- und Tanka-Form«.] Zollikon-Zürich: Kranich, 1993.

– Sommerkamp, Sabine: Der Einfluss des Haiku auf Imagismus und jüngere Moderne. Studien zur englischen und amerikanischen Lyrik. Dissertation. Hamburg: Universität, 1984.

– Sommerkamp, Sabine: Die deutschsprachige Haiku-Dichtung: Von den Anfängen bis zur Gegenwart. In: Araki, Tadao (Hg.): Deutsche Essays zur Haiku-Poetik. Mit Illustrationen von Tsutomou Yoshikawa. O.O.: o.V., 1989, S. 56–66.

– Walravens, Hartmut: Anna von Rottauscher, geb. Susanka. In: Oriens extremis 37/2, 1994, S. 235–245.

– Wittbrodt, Andreas: Hototogisu ist keine Nachtigall. Traditionelle japanische Gedichtformen in der deutschsprachigen Lyrik (1849–1999). Göttingen: V&R unipress, 2005.

Foto: Paul Bernhard, Tanka: Claudia Brefeld

Conrad Miesen

Zum 15. Todestag von Leonie Patt.
Porträt und Würdigung
2. Teil

Musik aus fernen Zeiten

Wie bereits erwähnt, war Leonie mit dem Instrumentenbauer Christian Patt verheiratet, dessen Arbeit den Schwerpunkt hatte, Musikinstrumente aus dem Mittelalter und der Renaissance nachzubauen. Regelmäßig erteilte er Fidelbaukurse, gründete das Raetische Consort, eine Musikgruppe, die durch Aufführungen in Schulen, Kirchen und Burgen die farbige Klangwelt dieser fernen Epochen den Zuhörern zugänglich machen wollte.

Leonie unterstützte ihren Mann dabei tatkräftig, indem sie im Consort mitspielte und regelmäßig auftrat, vor allem aber jahrzehntelang durch die Edition einer Fachzeitschrift für Alte Musik, den ‚Fidelbrief‘.

Auf dem großen Dachboden des alten Malixer Bauernhauses entstand so im Lauf der Jahre ein Museum, das in einer Sammlung von ca. 250 selbst gebauten, erworbenen und restaurierten Instrumenten in der Schweiz seinesgleichen suchte. Selbst im hohen Alter ließen es sich die Patts nicht nehmen, regelmäßig Einzelpersonen und Gruppen durch diese Sammlung zu führen und dabei auch praktische Vorführungen der Instrumente zu geben, die so seltsame Namen tragen wie zum Beispiel Dulzian, Trumscheidt, Krummhorn, Radleier, Pommer und Zink.

Leonie fing jeden Morgen in Malix (wie sie mir am 6.4.1997 schrieb) mit Fingerübungen und kleinen Etüden an, wozu sie die Gambe, Harfe oder ein Blasinstrument nutzte – damit zugleich ihre ‚Lebensgeister weckte und in Einklang brachte‘.

Nicht unerwähnt sollte bleiben, dass sich diese Affinität Leonies zur Musik nicht nur auf die Musikalität ihrer Sprache in den längeren Gedichten und Haiku auswirkte, sondern dass die ‚Fidelblatt‘-Ausgaben jeweils ein Titelblatt brachten, das durch ein längeres Gedicht (manchmal auch eine Reihung von Haiku) von Leonie Patt seinen besonderen Akzent erhielt.

Einklang mit der Natur

Die Liebe zur Natur, wie sie sich uns im Wechsel der Jahreszeiten darstellt, war eine der wesentlichen Voraussetzungen für die Haiku-Poesie der Schweizerin Leonie Patt. – Matsuo Bashō, der zenbuddhistisch geprägte Haiku-Meister (1644–1694), schrieb in seinem ‚Wegbericht aus den Jahren U-Tatsu‘, einem Reisetagebuch aus dem Jahr 1687:

> „Wer den Geist des ‚fuga‘ liebt, folgt den Gesetzen der Natur und wird zum Freund der vier Jahreszeiten. Was immer er sieht, Blumen müssen es sein. Was immer er glaubt, der Mond muss es sein. Wenn in seinem Gestalten die Blume nicht ist, ist er wie ein Barbar. Wenn in seinem Fühlen die Blume nicht ist, ist er wie ein Tier.“
>
> (in einer Übersetzung des Japanologen Prof. Horst Hammitzsch; genaue Quellenangabe siehe die Literaturliste im Schlussteil; Sino-Japonica. Festschrift; Seite 78 f.)

So wie es Bashō hier emphatisch auf den Punkt bringt, hat es mit Sicherheit auch Leonie Patt empfunden. Von früh an wandte sie sich in ihren Gedichten den Naturphänomenen zu, doch durch das Haiku-Dichten im Alter hat diese Darstellung von Natur nachweislich eine neue Qualität gewonnen. Auch wenn sich ihr Wahrnehmungs- und Aktionsradius altersbedingt zuletzt immer mehr reduzierte, hat sie doch nie aufgehört, die Natur vor der eigenen Haustür im Bergdorf Malix und ganz zuletzt noch vom Seniorenheim in Churwalden aus die Graubündner Gebirgslandschaft täglich intensiv zu betrachten und in Dreizeilern nach japanischem Vorbild festzuhalten. Ein paar Beispiele mögen von diesem besonderen Einklang mit der Natur und den Jahreszeiten Zeugnis abgeben.

Hab Holderbeeren
gepflückt, entsaftet, gekocht.
Der Rest – den Vögeln

Ebereschenrot
beginnt der Herbst sein Malwerk.
Quää – sagt der Rabe.

Die grünen Bäume –
bunt geworden über Nacht.
Noch einmal schön sein?

Leonies Zielsetzung war es stets, Natur ganz genau und mit allen Sinnen aufzunehmen, um sie dann in einem weiteren Schritt staunend zu meditieren.

Nicht nur die Haiku, sondern auch die längeren Gedichte mit Natur-motiven demonstrieren uns einen Akt der Anverwandlung von Natur (etwa der Esche vor ihrer Haustür oder des Bachlaufs im Frühling), der weit entfernt ist von einem bloßen ‚Andichten‘ der Landschaft und der Naturphänomene. In einigen Beispielen dieser Poesie findet nach meiner Ansicht sogar eine geheimnisvolle Verschmelzung statt von Subjekt und Objekt, von Natur und Mensch.

Kontakt mit Flandrina von Salis

„Heute nun bin ich bei Flandrina von Salis auf Schloss Bothmar in Malans. Wir wollen miteinander einen Tag verbringen, uns begegnen, uns näher-kommen. Wir stehen auf der schmalen Treppe, die zu den Gartenanlagen führt." Mit diesen Worten leitet Leonie Patt die unmittelbare Schilderung ihrer bedeutsamen Begegnung mit der Schweizer Pionierin der deutsch-sprachigen Haiku-Dichtung, Flandrina von Salis, ein, die im Spätsommer des Jahres 1993 stattfand. Dieses ‚Erinnerungsblatt‘ ist als Artikel im ‚Bündner Jahrbuch‘ 1994 (Seite 21 bis 32) unter dem Titel „Ein Tag auf Schloss Bothmar mit Flandrina von Salis" erschienen.

Der eigentliche Anlass zur Niederschrift war der 70. Geburtstag von Frau von Salis am 21.12.1993, und Leonie fühlte sich sehr geehrt, als die Redaktion des ‚Bündner Jahrbuchs‘ ausgerechnet an sie herantrat und ihr die Aufgabe übertrug, Flandrina von Salis zu besuchen, sie zu interviewen

40

und zu ihrem besonderen Geburtstag eine Gesamtdarstellung über Leben und Werk dieser Dichterin zu schreiben.

Mit Vorfreude und zugleich auch einer gewissen Beklemmung wird Leonie an jenem Sommertag 1993 nach Malans gefahren sein, da sie sich selbst ja eigentlich noch als ‚Haiku-Novizin' verstand im Vergleich zu Flandrina, die bereits im Jahr 1955 (!) ihr Buch „Mohnblüten" mit ‚abendländischen Haiku' beim Olten Verlag herausgebracht hatte. Auch der Ort, Schloss Bothmar (umgeben von einem großen Park und Buchsbaumgarten), war legendär und wurde sogar von Rainer Maria Rilke, der mit der Familie von Salis-Seewis langjährig in Verbindung stand, mehrfach in den Jahren 1923 und 1924 besucht.

Um es gleich auf den Punkt zu bringen: Dieser zwölfseitige Artikel ist gut recherchiert, sehr informativ und lebendig geschrieben. Auch Flandrinas Weg zum Haiku wird darin sehr ausführlich geschildert. Die ‚alte Leonie' hatte ihre komplexe Aufgabe gut gelöst und damit zugleich die Basis für einen dauerhaften, freundschaftlichen Kontakt mit Frau von Salis geschaffen. Eigentlich waren es zwei Phänomene, welche die beiden Frauen besonders faszinierten und miteinander verbanden: einerseits die Liebe zum Haiku und der Versuch, es den Japanern gleichzutun, andererseits die Bewunderung der Vulkane, in denen man die Ursprünge des Lebens ahnt und die eine gewaltige Kraft des Feuers in ihrer Tiefe bergen.

Erwähnt werden sollte auch, dass im Herbst 1997 im Schloss Bothmar in Malans vor geladenen Gästen eine gemeinsame Lesung von Leonie und Flandrina stattfand. In ihrer eigenen kleinen Eröffnungsansprache (deren handschriftlicher Entwurf mir vorliegt) betonte Leonie, dass sie die Gedichte ihrer ‚Rosenfreundin Flandrina' sehr bewundere und sich durchaus bewusst sei, dass Flandrina und sie völlig verschieden seien, was Herkunft, Bildung und Lebensaufgaben betrifft. Die Liebe zur Poesie, zur Sprache und besonders zum Haiku habe sie aber in eine intensive Verbindung und einen fruchtbaren Gedankenaustausch gebracht.

Haiku-Freunde von nah und fern

Sicher hätte Leonie außer den DHG-Kongressen in Lindenberg und Landau noch weitere Veranstaltungen in den folgenden Jahren besucht, doch sie konnte sich aufgrund ihres Alters keine weiten Zugreisen mehr zumuten und wollte auch ihren Mann nicht mehr tagelang allein lassen.

Diesen Verzicht hat sie sehr bedauert und versucht, durch intensiven Briefwechsel mit den Haiku-Freunden von nah und fern sowie Telefonaten zu kompensieren.

Mehrfach schrieb sie mir, dass jeder neue Brief, der in Malix eintraf, für sie zum Lebenselixier wurde und ihr regelrecht einen ‚Schupf' und Impuls zum Schreiben gab. Zugleich spürte sie, dass es ihr lag, andere Menschen für die japanischen Kurzgedichte und Partnergedichte zu begeistern zu können, und begann daher schon früh, durch Haiku-Schreibwerkstätten sowie Renga- und Haibun-Seminare ihr Wissen und ihre Leidenschaft für diese Art von Poesie in der Schweiz weiterzugeben (u. a. fanden in Zürich, am Zürichsee, in Winterthur und Lenzerheide solche mehrtägigen Seminare statt, wobei oft auch Ria Isler aus Zürich ihr assistierte).

Im Herbst des Jahres 2001 (so erfuhr ich aus ihrem Brief vom 12.12.2001) gab sie im Alter von fast 90 Jahren noch eine Haiku-Einführung vor 30 Kunst- und Poesie-Therapeutinnen in Zürich und verstand es, ihren Weg, wie sie zum Haiku kam und wie das Haiku ihr Leben veränderte, eindrucksvoll zu vermitteln. In diesem Brief vom Dezember 2001 heißt es:

> „Dass mir nicht mehr so leicht Verse, Gedichte zufallen, schmerzt schon ein wenig, aber ich habe eine tiefe innere Freude, weil ich anderen Menschen die Freude am Haiku weitergeben durfte. – Wenn mir bei Haiku-Tagen eine Teilnehmerin ein Haiku zuschiebt, in dem einfach alles stimmt und die Tiefe der Gedanken aufleuchtet, dann ist das wie ein großes Geschenk für mich, und es macht mich fast ein wenig stolz, dass der Same, den ich streute, so aufging."

Die Ernte der letzten Jahre

Bedingt durch mancherlei Krankheiten und Einschränkungen und auch durch den Umzug ins Altersheim Lindenhof in Churwalden, wurde Leonie Patt in den letzten Lebensjahren sicher manche schwere Last auferlegt, doch sie hat diese Beschwernisse in den Briefen an mich allenfalls am Rande erwähnt und ließ sich davon nicht entmutigen. Auch den umfangreichen Briefwechsel mit den Haiku-Freunden behielt sie (unterstützt von ihren Töchtern) weiterhin bei.

In mehrfacher Hinsicht war es ihr vergönnt, wesentliche Dinge und Anliegen ihres Lebens zu ordnen und abzuschließen. Nachfolgend möchte ich diese (zum Abschluss dieses Porträts) nur skizzenhaft darstellen:

– Leonie Patts letzte Publikation „Wandern durch die Jahreszeiten", welche eine ‚besinnliche Stunde zum Jahreswechsel' am 30.12.2001 in der Kirche von Malix dokumentiert. Sie las einen Zyklus von längeren Gedichten vor, umrahmt von Musik der Gruppe ‚Kouglof'.

– Vierseitiges Faltblatt „Musik und Poesie" zum 90. Geburtstag von Christian und Leonie Patt-Tobler, gestaltet von der Tochter Leoni Patt-Engel.

– Ermöglicht durch die Albert Köchlin Stiftung konnte die Sammlung der Pattschen Musikinstrumente als Ganzes erhalten bleiben und fand ihre neue ‚Heimat' in der alten Mühle Willisau.

– Die Fortführung der Haiku-Seminare in der Schweiz wurde möglich, indem Leonie diese komplexe Aufgabe in die Hände der deutlich jüngeren Ria Isler legte, welche sie jahrelang bereits sehr unterstützt hatte.

– Das gesamte literarische Schaffen wurde aufgenommen im Kantonalen Frauenkulturarchiv in Chur. Dazu gehören auch handschriftliche Manuskripte und Tagebücher sowie Briefwechsel-Unterlagen.

Mit besonderem Stolz erfüllte es Leonie, dass eines ihrer Senryu als Glockenspruch eingraviert wurde in eine neu gegossene Glocke für die Kirche in Thusis. Den Vorgang des Glockengießens und das Aufhängen der Glocke im Turm durfte sie selbst noch miterleben. Dieses Senryu lautet:

Heller Glockenklang
teilst die Zeit, läutest zum Fest
und zum Abschied mir.

Zum 94. Geburtstag hatten ihr nochmals viele Freunde, Verwandte und Bekannte geschrieben. Nur wenige Tage später ist sie dann am 28. April 2006 in Churwalden verstorben. Damit ging ein Leben zur Neige, das gerade in der Altersphase in besonderer Weise von der japanischen Haiku-Dichtung geprägt und bestimmt war.

Auswahl-Bibliografie, Primär- und Sekundärliteratur

A) Primärliteratur:

– Matsuo Bashō, „Wegbericht aus den Jahren U-Tatsu. Ein Reisetagebuch"; Übersetzung von Prof. Horst Hammitzsch.
In: Sino-Japonica. Festschrift für A. Wedemeyer; hrsg von H. und H. Steininger und U. Unger, Leipzig 1956, Seiten 75 bis 106

– Leonie Patt, „Zwischenzeiten. Gedichte aus den Jahren 1980–1985", Privatdruck bei ropress Zürich, 1985

– Leonie Patt, „Island. Haiku – Senryu – Tanka", Privatdruck bei ropress Zürich 1990; mit Zeichnungen von Brigitte Lúthersson-Patt

– Leonie Patt, „Einfach da sein. Gedichte 1985–1994", Privatdruck bei OD Offsetdruck Chur AG mit Zeichnungen von Brigitte Lúthersson-Patt, November 1994

– Leonie Patt, „Ein Tag auf Schloss Bothmar mit Flandrina von Salis".
In: Bündner Jahrbuch, Tardis Verlag, Chur 1994; Seiten 21 bis 32

– Leonie Patt, „Schreiben unterm Apfelbaum. Renga und Haibun",
Ergebnis des Seminars vom 10. und 11. Mai 2000 in Hegi, Winterthur; Privatdruck

– Leonie Patt, „Wandern durch die Jahreszeiten. Gedichte"; zur Lesung von Leonie Patt in der Kirche von Malix am 30.12.2001; Privatdruck

B) Sekundärliteratur:

– Rüdiger Jung, Rezension zu „Schreiben unterm Apfelbaum".
  In: Vierteljahresschrift der Deutschen Haiku-Gesellschaft, Heft 52, Februar 2001 (Sonderdruck Buchbesprechungen) , Seiten 36–39

– Loni Patt Engel, „Musik und Poesie. Zum 90. Geburtstag von Christian und Leonie Patt-Tobler"; Privatdruck

– Peter Metz jun., „Leben für Musik und Poesie – in Erinnerung an Christian und Leonie Patt-Tobler". In: Bündner Jahrbuch 2007, Tardis Verlag, Chur 2006. Seiten 155–157

– Conrad Miesen, „Die Esche bin ich! – Betrachtungen zur späten Lyrik von Leonie Patt" mit einer Titelzeichnung von Annelie Miesen; Gestaltung durch Sabina Patt. Privatdruck

– Rüdiger Jung, „Das Dreigestirn des Bündner Haiku – Leonie Patt, Flandrina von Salis und Heinrich Reinhardt". In: Bündner Jahrbuch 2009, Tardis Verlag, Chur 2008, Seiten 61–68

Quellenhinweise/Anschriften zum literarischen Nachlass von Leonie Patt:

a) Frauenkulturarchiv Graubünden, Fontanastraße 15, CH 7000 Chur
www.frauenkulturarchiv.ch
E-Mail: frauenkulturarchiv@bluewin.ch

Hier sind alle Texte von Leonie Patt archiviert.

b) Kantonsbibliothek Graubünden, Karlihof, CH 7000 Chur
www.kantonsbibliothek.gr.ch
E-Mail: info@kbg.gr.ch

Hier können die Bücher und Broschüren von Leonie Patt ausgeliehen werden.

Volker Friebel und Saskia Ishikawa-Franke

Von Freiburg nach Otsu
Ausschnitte aus einem Gespräch über das Haiku

Volker Friebel: […] habe ich doch den Eindruck, dass die Gräben zwischen den Kulturen wieder größer werden. Und dass sich zwar die Musiker und Dichter verstehen, wenn sie sich begegnen, dass die Medien und die Politik, vor allem auf Seiten des Westens, aber zunehmend auf „Kulturkampf" setzen. Wie schätzen Sie denn die Weltoffenheit in Japan und in Deutschland im Vergleich ein? Gibt es da positive oder negative Entwicklungen?

Saskia Ishikawa-Franke: […] Was einige der Unterschiede zwischen Japan und Deutschland in Bezug auf Weltoffenheit ausmacht, möchte ich an Beispielen erläutern.

Nicht durch Zufall ist in Japan seit längerer Zeit die zweite Fremdsprache an den Universitäten oft abgeschafft worden, das selbstgewählte Studienfach wird verstärkt. Auch Englisch, die erste Fremdsprache, die während drei Jahren Mittelstufe und drei Jahren Oberstufe gelehrt wird, wird bei den Schülern laut Umfrage zu achtzig Prozent abgelehnt. „Englisch brauchen wir nicht". Die meisten Japaner gehen in Gruppenreisen ins Ausland. Ein japanischer Kollege, der Germanistik studiert hat, ging nie nach Deutschland, obwohl er ein Forschungsjahr bekommen hatte.

Die japanische Regierung gewährt ganz wenigen Menschen Asyl. Unter 20 pro Jahr. Auch wenn man wie ich Japanisch spricht, Umgangsjapanisch, kommt man doch nicht nah an Japaner heran. Oft auch nicht die Japaner unter sich, denn alle Situationen sind irgendwie geregelt. Man muss lernen, wo jeweils die Grenzen liegen. Das Fremde schauen sich die Japaner lieber aus der Ferne an, auch wenn sie ganz nahe am Fremden dran sind. Deshalb sind Ehen mit Japanern die beste Möglichkeit zum Kulturaustausch und tragen dazu bei, sich gegenseitig zu öffnen. Fast zwei Millionen Ausländer/-innen gibt es in Japan, darunter sind natürlich auch viele Singles …

Ich habe das Glück, durch Musik und Kunst einige Freundschaften geschlossen zu haben. Intensiver werden die, wenn der/die andere mal im Ausland gelebt hat. Generell sind die Japaner/-innen höflich, distanziert, tolerant und selten neugierig auf Fremdes, Ausländisches.

Das spürte ich immer wieder, als ich über zwanzig Jahre fest an einer japanischen Universität angestellt war, viele Sitzungen mitmachen musste und auch sonst zu Arbeiten eingeteilt wurde. In meiner Abteilung, Literaturwissenschaft, später umgewandelt in Interkulturelle Geisteswissenschaft, gab es sieben japanische Deutschlehrer, Professoren und mich, als Frau und dazu noch Ausländerin. Ein wohlmeinender jüngerer Kollege sagte mir kurz nach meinem Eintritt, dass ich zwei Nachteile habe, die ich nicht verändern könne. „Sie sind hier Ausländerin und eben eine Frau."

Wie man mit einer Kollegin gleichberechtigt umgehen soll, wussten die Kollegen nicht, dafür gibt es wenige sprachliche Muster. Sie kennen nur ihre Frauen und Kinder als Gesprächspartner … Dazu kommt noch, dass fast alle Kollegen schwache Hör- und Sprechfähigkeiten hatten …

In Japan bleibt man mehr oder weniger für sich, vermeidet ernsthafte Diskussionen, selten gibt es Demos, und wenn, kleine, z. B. gegen die Todesstrafe in Japan.

In Deutschland sind doch mehr Leute weltoffener, was Sprachen lernen, Neugierde auf fremde Kulturen etc. angeht. Aber leicht können Diskussionen auch hitzig, ja radikal werden.

In Deutschland ist der Anteil an Ausländern sehr viel höher, aber es gibt doch viele Ausländer, die integriert sind, wenn auch noch viel zu wünschen übrig bleibt, besonders wenn es um verschiedene Religionen geht. In Japan kann jeder frei und ungehindert seine Religion ausüben, es gibt kaum Fanatismus, das ist sehr erfreulich.

Ich habe an der Uni versucht, Sprachunterricht mit gezielter Kulturvermittlung zu verbinden, z. B. „Wie wohnen japanische und deutsche Studenten/-innen?"

In Japan wohnt man zu Hause oder im Studentenwohnheim oder mietet ein eigenes Apartment, nie mit einer Freundin zusammen, denn wenn es Probleme gibt, weiß man nicht, wie man sie friedlich lösen kann. Diskussionen fehlen in der Erziehung, sogar im Literaturunterricht an den Schulen, auch nach wissenschaftlichen Vorträgen gibt es nur gelenkte kurze Fragen und Antworten, danach bricht man zur Party auf, mit viel Alkohol.

Sehr erstaunt waren meine Studenten/-innen, als sie hörten, dass viele Studierende in Deutschland zusammen eine Wohnung mieten. Da hatten wir viel Diskussionsstoff, viele Fragen kamen …

Gleich im ersten Studienjahr für Deutsch fing ich an, mit den Studenten/-innen Haiku auf Deutsch zu schreiben. Sie hatten alles über Haiku, was sie in der Grundschule gelernt hatten, vergessen …

Nach der Öffnung Japans hatten die Franzosen drei Jahre lang dort Kultur vermittelt. Nachdem die Deutschen 1871 die Franzosen besiegt hatten, kam viel deutsche Kultur nach Japan, Musik, Architektur, Literatur, Malerei, Philosophie, Sport und Medizin. Da Deutschland und Japan im 2. Weltkrieg Verbündete waren, haben viele ältere Japaner eine Art emotionale Nähe zu den Deutschen. Und nach dem 2. Weltkrieg die Jüngeren zu den USA.

Hoffentlich werden die Herzen aller Völker weiter, offener für anders Denkende und Handelnde, für andere Künste und Religionen. Frieden beruht auf Teilen und der Bereitschaft, so zu leben, dass die Welt für alle erhalten bleibt.

Volker Friebel: Wie kann man sich die japanische Haiku-Szene im Vergleich zur europäischen vorstellen? Stimmt die Beobachtung eines deutlich stärkeren Bezugs der Dichter zu Leitern von Haiku-Kreisen und Haiku-Schulen in Japan gegenüber einem sehr individualistischen Europa, wie man das gelegentlich hört?

Saskia Ishikawa-Franke: Die japanische Haiku-Szene ist sehr verschieden von der in Deutschland. Im ganzen Japan gibt es Haiku-Lehrer, die Gruppen unterrichten, auch Uniprofessoren der japanischen Literatur, wie unser im Jahr 2000 verstorbener Renku-Lehrer einer war. Oft geben diese Gruppen eine eigene Zeitschrift heraus. Die Lehrer haben manchmal an verschiedenen Orten Gruppen, die sie leiten. In der Pandemie geht alles natürlich online.

Bashō besuchte mit seinem Schüler Sora auf seiner größten Nordland-reise „Oku no hosomichi" viele Schüler, konnte oft auch bei ihnen woh-nen. Bashō besuchte, wie seine Vorgänger, viele historische Orte und auch Plätze, wo früher Dichter gereist waren. Bashō nahm selbstverständlich auch Gedichte seines Schülers Sora in die Veröffentlichung seines Werkes mit auf. Dies ist undenkbar in Europa bei einem so eminenten Dichter.

Das japanische Verhalten zeigt Bescheidenheit, bei den Deutschen, siehe Goethe, ist Reisen mit mehr Bildung, Sammeln, Ich-Verstärkung ver-bunden.

Haiku zu schreiben, wirkt auf viele Japaner wohltuend, hilft, aus der Isolation heraus in einer Gruppe aufgehoben zu sein.

Eine gute japanische Freundin, die Kunstlehrerin am Gymnasium war, sich früh pensionieren ließ, weil der Beruf sie krank machte, war einige Jahre unfähig, irgendetwas zu tun, depressiv, wurde langsam gesund, be-gann, wieder zu malen, auszustellen, einzeln und in Gruppen, begann Haiku in einer Gruppe zu schreiben, entwickelte Talent und Freude. All das half ihr, volle Lebensfreude zu gewinnen.

Volker Friebel: Sie haben 2012 einen Haiku-Wettbewerb für japanische Oberschüler und Studenten ins Leben gerufen: Haiku auf Deutsch, der seitdem jährlich durchgeführt wird, ausgerichtet von der Frauenuniversität Kyoto. Wie würden Sie die Unterschiede der eingehenden Haiku zu den Haiku charakterisieren, die in Europa erscheinen, etwa im Sommergras (Vierteljahresschrift der Deutschen Haiku-Gesellschaft), auf Haiku heute (und im Haiku-Jahrbuch), auf Chrysanthemum?

Saskia Ishikawa-Franke: Da die Schüler und Studenten in Japan alles über Haiku vergessen haben, werden traditionelle Haiku als Beispiele vor-geführt, ins Deutsche übersetzte japanische Haiku z. B. von Bashō, Issa, Buson … oder auf Deutsch geschriebene Haiku … Ein Jahreszeitenwort darf nicht fehlen, 5-7-5 Silben sind vorgeschrieben, damit die Dichter/-innen ein festes Gerüst haben. Eine Jahreszeit ist vorgegeben, in Japan kommt da noch eine fünfte Jahreszeit dazu, Neujahr.

Interessant ist, dass die Japaner/-innen vielleicht zum ersten Mal eine Möglichkeit sehen, ihr Gefühl auszudrücken. Sie freuen sich, nehmen oft über Jahre an den Wettbewerben teil.

Die Zahl der Teilnehmenden, Schüler und Studenten, wächst, Dichter/-innen von Okinawa bis Hokkaido gibt es. Aus vielen Fachgebieten, medizinischen, künstlerischen, naturwissenschaftlichen und geisteswissenschaftlichen Disziplinen, melden sich die Dichter/-innen.

Natürlich entstehen so traditionelle Haiku, so wie auch in vielen Haiku-Gruppen in Japan, da oft ältere Leute sich für Haiku interessieren. Moderne Haiku und vom Haiku schon sehr weit entfernte Verse entstehen ebenfalls in Japan, aber auch mein Mann interessiert sich nicht dafür und auch die anderen Mitglieder unserer Renku-Gruppe nicht. In den japanischen Zeitungen werden fast nur traditionelle Haiku veröffentlicht. Der Gegensatz z. B. zum „Sommergras" ist groß.

Volker Friebel*:* Einfache Sprache galt auch im Deutschen lange Zeit als wichtiges Charakteristikum für das Haiku. Derzeit ist davon nur mehr wenig zu merken, die Sprache des Haiku gleicht sich bei vielen Autoren der Sprache moderner deutscher Lyrik an. Sehen Sie das eher skeptisch oder als eine Bereicherung der Möglichkeiten des Haiku? Und gibt es in Japan eine ähnliche Entwicklung?

Saskia Ishikawa-Franke: Japan ist ein die Tradition liebendes Land, mit allen Vor- und Nachteilen. Überwiegend entstehen eher traditionelle Haiku, mit neuen Ideen, Erfahrungen, besonders jetzt in der Pandemie. Auch Verständlichkeit wird in Japan hoch geschätzt, obwohl oft viel Wissen nötig ist, um zum vollen Genuss zu kommen. Auch deshalb lernt man Haiku gern in Gruppen mit einem Lehrer. Interesse an haikuähnlichen oder nicht mehr ähnlichen Haiku gibt es wohl meist nur bei Jüngeren, wenn überhaupt …

Die Tendenz in Deutschland, unverständlich (zumindest für mich) zu schreiben, nimmt zu, aber da ich nicht in Deutschland lebe, liegt es vielleicht an meinem Nichtwissen.

Oft fehlen mir Atmosphäre, Intensität, genaue Beobachtung und Ein-
fühlung, das ‚Ich' ist mir manchmal zu groß.

Zur Person: Saskia Ishikawa-Franke wurde im September 1941 in Frei-
burg im Breisgau geboren. Jahrzehntelang lehrte sie an japanischen Uni-
versitäten. Sie lebt in Otsu am Biwasee (Japan).

Das ganze Gespräch ist auf den Autorenseiten von Haiku heute zu finden. Der Haiku-
Wettbewerb für japanische Oberschüler und Studenten: Haiku auf Deutsch, ausgerichtet
von der Frauenuniversität Kyoto: https://deutschehaikukyoto.com/

… daheim
öffnet Mutter die Tür
im vertrauten Licht
fällt mein Schatten
hinter mich

Foto: Paul Bernhard, Tanka: Claudia Brefeld

Thomas Opfermann

Zum 100. Geburtstag von Lia Frank

Wer ist Lia Frank? Das werden sich in erster Linie die jüngeren bzw. neu-
eren Mitglieder der DHG fragen. Anderen wird Lia Frank vielleicht aus
der Vergangenheit ein Begriff sein. Erste Kontakte Lia Franks mit der
DHG gehen auf einen Deutschlandbesuch im Jahr 1989 zurück, an den
sich eine langjährige DHG-Mitgliedschaft anschloss.

Geboren wurde Lia Frank unter ihrem Mädchennamen Gerstein am 18.
November 1921 in Kaunas/Litauen. Ihre Kindheit verbrachte sie teilweise
in Berlin, ihr Abitur legte sie in Riga ab. Dort begann sie ein Jurastudium.
Bedingt durch den 2. Weltkrieg musste sie flüchten, konnte ihr Studium
jedoch im Ural, genauer gesagt in Swertlowsk (heute Jekaterinburg) fort-
setzen. Ihr weiterer Lebensweg führte sie gemeinsam mit ihrem Mann
(Heirat 1943) nach Tadschikistan, wo sie an der Universität von Du-
schanbe Latein und Deutsch unterrichtete. Mitte der 70er Jahre publizierte
sie in der Sowjetunion erste Gedichtausgaben („Improvisationen" Moskau
1973, „Zaubersprüche" Alma-Ata 1976). 1983 wurde sie eher durch Zufall
auf die literarische Gattung Haiku aufmerksam, der sie sich nun intensiv
widmete. In Zusammenarbeit mit dem japanischen Germanisten Tsutomu
Itoh übersetzte sie zwei Gedichtbände („Eine Handvoll Sand" / „Trauri-
ges Spielzeug") des Japaners Takuboku (1886–1912), die beide in Japan
1987 veröffentlicht wurden. Politische Umwälzungen in Tadschikistan
zwangen sie nach 30 Jahren Sesshaftigkeit erneut zu einem Ortswechsel.
1990 reiste sie nach Deutschland aus und verbrachte nach Zwischenstati-
onen in Zittau und Sigmaringen ihren Lebensabend bis zu ihrem Tod 2012
in Berlin.

Wie schwierig es gewesen sein muss, als in Litauen geborene Jüdin mit
deutschsprachigem Hintergrund nach dem 2. Weltkrieg in der Sowjet-
union Lyrik in deutscher Sprache zu verfassen, ist, ohne diese Situation am
eigenen Leib erfahren zu haben, nur schwer vorstellbar. Wie es Lia Frank
belastet haben muss, lassen folgende Zeilen annähernd erahnen:

„An euch gekettet / durch eure Sprache, / eure Gedichte und eure Lie-
der, die ich / mit dem Knebel der Schwermut / im Munde / immer
wieder / zu singen versuche …

An euch gekettet / und eure Bücher, / euer Gelächter / und eure Bräu-
che, / an denen ich zerre, mich zerfleischend, und die ich nicht / lassen
kann – / wie mein Leben …“

Die aus ihrer Feder stammenden Haiku weisen eine immense Themen-
vielfalt auf, sei es die „Heimat“, die 30 Jahre lang für sie Duschanbe (Tad-
schikistan) war, oder auch kritische Haiku, in denen sie beispielsweise
Probleme der israelischen Gegenwart thematisiert hat:

Frühe Baumblüte,	Jüdische Kinder
und am Fliederstrauch	schwarz, von Äthiopiens
zittert ein gelbes Blatt.	Sonnenglut geprägt.

Lia Franks Lebensweg und Schaffen sind in jedem Fall eine (Wieder-)Ent-
deckung wert! Neben Annelore Engel-Braunschmidts Essay „Im Haiku
zuhause. Lia Franks Lyrik“, dem viele der hier aufgeführten Informationen
entstammen (Details s. Rezension „Im Wandel des WIRs“ in dieser SOM-
MERGRAS-Ausgabe), lädt auch Margret Burschaepers Porträt aus der
VDH, Ausgabe 64, zum Schmökern ein (zum Download auf der DHG-
Website verfügbar).

Neue DHG-Mitglieder

Neue Mitglieder in der DHG
im zweiten Halbjahr 2021 – alphabetisch zusammengestellt von Thomas Opfermann

Folgende neue Mitglieder heißen wir herzlich willkommen und freuen uns, sie mit zwei eigenen Texten vorstellen zu können:

Heike Berumen aus Eggenstein-Leopoldshafen/Baden-Württemberg

Tage im Kloster
Schwarze Kukullen wehen
Vor Gott sind wir eins

Start in das neue Jahr
Anhaltende Pandemie
Boostern und hoffen

Susanne Dinnendahl aus Wuppertal/Nordrhein-Westfalen

Nicht lockerlassen
Wie Phönix aus der Asche
Schlagen wie ein Blitz

Einen Stein drücken
Bis ein Tropfen Wasser kommt
Heißt Haiku schreiben

Ursula Georgy aus Ahlbeck/Mecklenburg-Vorpommern

Bald treffen wir uns
in der Mitte des Weges
– vorübergehend.

Kalte Füße
und die Nacht
ist noch lang.

Josef Graßmugg aus Kapfenberg/Österreich

Dem Gipfelkreuz nah,
vom Sonnenlicht geblendet.
Im Tal noch Nebel.

Grillen im Garten.
Der Lärmpegel erhöht sich,
weil alle zirpen.

Carmen Merz-Hoffmann aus Solothurn/Schweiz

Leise getragen
Ballastlos ungezwungen
Wer weiß schon wohin

Zartes Erwachen
Aufblühende Entfaltung
Lebensspirale

Willemina Preiß aus Coburg/Bayern

Interview –
im Hintergrund
ein Martinshorn

Arglos bestückt
mit Schilf und Frühstücksbeuteln -
das Schwanennest

Sabina Ptaschek aus Münster/Nordrhein-Westfalen

Im Nebelmoor –
das Kind grüßt winkend
Feen und Kobolde

Nachtwanderung –
die Geräusche des Waldes
gespenstisch nah

Günther Radach aus Norderstedt/Schleswig-Holstein

Wie weinte das Kind,
als seine Puppe zerbrach,
die es so liebte!

In der Sommernacht
ins tiefe Dunkel gelauscht
bei einem Glas Wein.

Cornelia Rossberg aus Coburg/Bayern

Stromausfall
Mondstrahlen tasten sich
durchs Zimmer.

Beim Blutabnehmen
heute ein Lehrling
Schweißperlen

Fabian Telschow aus Berlin

Einen Augenblick.
Zwei Augenblicke. Ich. Du.
Kirschblüte und Kaffee.

Der dritte Aufguss
Berührt unsere Lippen.
Wir lächeln.

ELEFANTENHAUT

MORGEN WERDE ICH DIR

SCHREIBEN

Haiga: Gabriele Hartmann

HaiQ

von Claudia Brefeld und Thomas Opfermann
(Wir freuen uns auf Ihre Beiträge. Bitte an: haiq@haiku.de)

In der letzten SOMMERGRAS-Ausgabe hatten wir zu Lautmalereien beim Haiku angeregt.

Folgende Beiträge wurden u. a. eingesandt:

Platsch!
Vom Tempeldach Schneematsch
auf meinen Kopf.

Saskia Ishikawa-Franke

es regnet, regnet
rauscht und regnet, regnet, rinnt
rinnt dahin, dahin

Marie-Luise Schulze Frenking

Nach einem Sekt
die letzte Stufe
au – au – au – f – stehen

Willemina Preiß

Gabriele Hartmann indes schickte uns eine interessante Variante, deren Lautmalerei gewissermaßen in eine Doppelrolle geschlüpft ist:

‚*tj-tj-tj-tj-tj*'
diese Amsel! … macht mir
mein Revier streitig!

Dieser Platz ist frei geblieben, hatten wir doch angedacht, dass wir mit der Anregung der Lautmalerei (Beispiel: Comicsprache) diesmal auch kontroverse Diskussionen auslösen könnten. Leider blieben die erhofften Reaktionen aus.

Unser Appell geht deshalb an alle: Beteiligen Sie sich, denn Ihre Meinung ist in jedem Falle wichtig und interessant genug, um sie der Leserschaft vorzustellen – HaiQ soll ein Forum für Haiku-Dichtende sein, die im gemeinsamen Miteinander das Pro und Kontra der Grenzen des Haiku ausloten.

Wie ungewöhnlich oder gar experimentell darf ein Haiku sein? Kommentieren Sie bisherige Einsendungen, erläutern Sie anhand eines Haiku die Grenzen und Ihre ganz persönlichen Gründe und Argumente hierzu! Letztendlich bleibt die Rubrik HaiQ nur lesenswert, wenn sie mit lebhaften Beiträgen und Vorschlägen für weitere Themen gefüllt wird.

Oder mit einem Augenzwinkern ausgedrückt:

Wer sich zur Tat entschließt, dem gehört der Sieg.
Herodot (* 490/480 v. Chr.; † um 430/420 v. Chr.)

Kompakt

Claudia Brefeld

Kompakt vorgestellt

Hier entsteht eine neue Rubrik von SOMMERGRAS.
Haben Sie immer schon mal einen Begriff rund ums Haiku gehabt, zu dem Sie gern etwas mehr erfahren würden? Dann schreiben Sie an die Redaktion oder an post@claudia.brefeld.de
Wir werden versuchen, diese Begriffe in kompakter Form zu erklären.

Das Zappai

Zappai (雑俳) ist ein Genre der japanischen Literatur, dessen Publikationsgeschichte wie die des Haikai mindestens bis ins 14. Jahrhundert zurückreicht. Es ist daher unangemessen, es mit (heutigen) Bezeichnungen wie spam-ku oder dergleichen gleichzusetzen.

> zap – der erste Teil des Wortes zatsu 雑 und bedeutet „verschieden, Vielfalt"

> pai – die verbindende Aussprache von hai 俳, wie sie in Haikai 俳諧 oder Haiku 俳句 verwendet wird.

So hat sich neben dem Haikai eine Vielzahl anderer Varianten entwickelt, die unter dem Begriff Zappai 雑誹 (verschiedene Haikai) zusammengefasst werden. Es gibt viele Stile in diesem Genre, mehr als 25. Eines der Zappai ist bekannt als *maekuzuke*:
vorgegebener Vers – *maeku* (7-7),
abschließender Vers – *tsukeku* (5-7-5).
Nicht selten kam es vor, dass ein *tenja* (Lyrik-Schiedsrichter) einen Vers

(*maeku*) vorgab und die Schüler einen dazu passenden Vers (*tsukeku*) schrieben. Der *tenja* bewertete dann die Bemühungen der Schüler mit Punkten. Bei dieser Komposition war also das *tsukeku* von besonderer Wichtigkeit, das *maeku* hingegen diente als „Einstieg" und war inhaltlich eher einfach, manchmal sich wiederholend, um ein Maximum an Freiheit für das *tsukeku* zu ermöglichen.

Ein Beispiel:

tsuzuki kose sure	it goes on forever
tsuzuki kose sure	it goes on forever
hana yue ni	because of the blossoms
kyō mo kyaku aru	another visitor today
kusa no io	at this grassy hut

(aus: Makoto Ueda, 1999)

In der frühen Genroku-Ära (1688–1704) war *maekuzuke* sehr beliebt bei der städtischen Bevölkerung. Wettbewerbe, bei denen *tsukeku* zu einem bestimmten *maeku* von professionellen Dichtern ausgewählt und bewertet wurden, erfreuten sich großer Beliebtheit. Die siegreichen Verse wurden preisgekrönt und gedruckt. Einige professionelle Dichtermeister widmeten sich ausschließlich der Beurteilung von *maekuzuke*. Zu den bekanntesten dieser Meister gehörte Karai Senryū (1718–1790), sein bürgerlicher Name war Karai Hachiemon.

Im *kasazuke* hingegen wird ein *maeku* (5) durch ein *tsukeku* (7-5) abgeschlossen, das fertige Gedicht (5-7-5) benötigt kein Saisonwort.

Weitere Zappai-Formen sind zum Beispiel *kiriku* und *oriku*.

Oriku wiederum ist eine Akrostichon-Form und kann sowohl als zweizeiliger (7-7) als auch als dreizeiliger (5-7-5) Vers komponiert werden.

Zappai wurden in der Umgangssprache verfasst und enthielten fast sämtliche Themenbereiche, einschließlich Götter, Gottheiten, Liebesbeziehungen, die Vergänglichkeit der weltlichen Dinge. Sie konzentrierten sich auf menschliche Gefühle, Menschlichkeit, Sympathie und drückten dies manchmal auch auf humorvolle und raffiniert-witzige Weise aus.

Quellennachweise:

— Private Korrespondenz mit Emiko Miyashita

— Richard Gilbert and Shinjuku Rollingstone: The Distinct Brilliance of Zappai: and the Need to Reconsider its HSA Definition.
Simply Haiku: A Quarterly Journal of Haiku and Related Forms, 3 (1). Spring 2005.
http://www.simplyhaiku.com/SHv3n1/features/Gilbert_Rollingstone.html

— Haiku, Senryu, Zappai (俳句, 川柳, 雑俳)
https://haikutopics.blogspot.com/2006/12/senryu-and-haiku.html (15.01.2022)

— Cheryl Crowley: Collaboration in the „Back to Bashō" Movement: The Susuki Mitsu Sequence of Buson's Yahantei School.
Simply Haiku: A Quarterly Journal of Haiku and Related Forms, 3 (1). Spring 2005.
http://simplyhaiku.com/SHv4n1/renku/Back_to_Basho.htm

— Makoto Ueda: Light Verse from the Floating World. An Anthology of Premodern Japanese Senryu. Columbia University Press. 1999.
ISBN 0-231115-50-4.

Auswahlen

Die Haiku- und Tanka-Auswahl März 2022

Es wurden insgesamt 244 Haiku von 87 Autoren und 68 Tanka von 35 Autoren für diese Auswahl eingereicht. Einsendeschluss war der 15. Januar 2022. Diese Texte wurden vor Beginn der Bewertung von mir anonymisiert.

Jedes Mitglied der DHG hat die Möglichkeit, eine Einsendung zu benennen, die bei Nichtberücksichtigung durch die Jury auf einer eigenen Mitgliederseite veröffentlicht werden soll.

Eingereicht werden können **nur bisher unveröffentlichte Texte** (gilt auch für Veröffentlichungen in Blogs, Foren, einschließlich der Foren auf HALLO HAIKU, in sozialen Medien und Werkstätten etc.).

Bitte keine Simultan-Einsendungen!

Bitte **alle** Haiku/Tanka <u>unbedingt</u> **gesammelt in einem Vorgang** in das Online-Formular auf der DHG-Webseite HALLO HAIKU selbst eintragen:

https://haiku.de/haiku-und-tanka-auswahl-einreichen/

Ansonsten per Mail an: auswahlen@deutschehaikugesellschaft.de

Der nächste Einsendeschluss für die Haiku-/Tanka-Auswahl ist der **15. April 2022.**

Jeder Teilnehmer kann bis zu **sechs** Texte – **drei** Haiku und **drei** Tanka – einreichen.

Mit der Einsendung gibt der Autor/die Autorin das Einverständnis für eine mögliche Veröffentlichung in der DHG-Haiku-Agenda, auf http://www.zugetextet.com, sowie für eine mögliche Vorstellung auf der Website der Haiku International Association.

Haiku-Auswahl der HTA

Die Jury bestand aus Reinhard Dellbrügge, Claus Hansson und Birgit Heid. Die Mitglieder der Auswahlgruppe reichten keine eigenen Texte ein.

Alle ausgewählten Texte – 46 Haiku von 35 Autoren – werden in alphabetischer Reihenfolge der Autorennamen veröffentlicht. Es werden max. zwei Haiku pro Autor aufgenommen.

„Ein Haiku, das mich besonders anspricht" – unter diesem Motto besteht für jedes Jurymitglied die Möglichkeit, bis zu drei Texte auszusuchen (noch anonymisiert), hier vorzustellen und zu kommentieren. Diesmal wurden sechs Texte ausgewählt.

Da die Jury sich aus wechselnden Teilnehmern zusammensetzen soll, möchte ich an dieser Stelle ganz herzlich alle interessierten DHG-Mitglieder einladen, als Jurymitglied bei kommenden Auswahl-Runden mitzuwirken.

Peter Rudolf

Ein Haiku, das mich besonders anspricht

Betongarten
am Baum aufgehängt
drei Meisenknödel
   Taiki Haijin

Nach herkömmlichem Verständnis handelt es sich bei einem Garten um ein begrenztes, meistens zu einem Haus gehörenden Stück Land, auf dem allerlei Pflanzen wachsen und gepflegt werden. Die Bezeichnung „Betongarten" stellt, wenn sie für ein Grundstück steht, auf dem ein Großteil des Erdbodens zubetoniert ist, einen Widerspruch in sich selber dar.

Offenbar bezieht sich das Haiku auf einen solchen „Garten". Doch der Beton ist nicht überall, ein Stückchen wurde ausgespart, und dort steht ein einsamer Baum. An ihm hängen drei Meisenknödel. Sie deuten, versteht man „Meisenknödel" als Jahreszeitenwort (kigo), auf den Winter hin, dessen Kälte der des Betons entspricht. Aber vielleicht hängen sie auch ganzjährig dort, da in diesem „Garten" das Nahrungsangebot für Vögel nicht allzu üppig ausfallen dürfte.

Der Besitzer des Grundstücks schätzt höchstwahrscheinlich seine pflegeleichte Bodenversiegelung, gleichzeitig aber fühlt er sich genötigt, eine Kompensationsleistung zu erbringen. So hängt er Meisenknödel auf, gleich drei auf einmal. Damit ist kein Ausgleich geschaffen, er hat weitaus weniger gegeben als genommen, jedoch sein Gewissen beruhigt.

Ausgewählt und kommentiert von Reinhard Dellbrügge

Hochzeitstag am Meer –
das einsilbige Schmatzen
des Brackwassers

Klaus Kornexl

Wie romantisch! Ein Hochzeitstag im Anblick unendlicher Weiten. Auf einer noblen Restaurant-Terrasse und mit einem Cocktail in der Hand sich gegenseitig Küsschen zuwerfend.

Doch weit gefehlt! Es wird einsilbig. Brackwasser schwappt hin und her. Man befindet sich nicht auf einer Terrasse, sondern an einer Stelle, an der sich Süß- und Meerwasser mischen, an einem Grenzbereich. Brackwasserzonen sind spezielle ökologische Bereiche. Das Geräusch des Schmatzens lässt mich an Moore oder Tümpel denken. Jedenfalls ist Bewegung im Spiel, vermutlich von Meereswellen verursacht. Ein Impuls mit gleichbleibendem Rhythmus.

Eine Parallele zu dem Ehepaar drängt sich auf. Tagaus, tagein dieselben Bewegungen und Begegnungen. Doch wenn man dem Schmatzen lauscht, um seine Einsilbigkeit festzustellen und zu bestätigen, so wird man womöglich nach einer gewissen Zeit feine Unterschiede erkennen. Nuancen, die das Schmatzen unterscheidbar machen. Vielleicht hat das Paar die Muße, um herauszufinden, ob das Geräusch wirklich einsilbig ist oder ob es doch verschiedene Spritz-, Klatsch- oder Schmatzgeräusche aufweist. Ich denke dabei an Wahrnehmungsspiele mit meinen Kindern. Mag sein, dass die scheinbare Einsilbigkeit des Brackwassers dem Paar auf die Sprünge hilft, seine Alltagsvariationen zu entdecken. Vielleicht wünscht es ein ruhigeres oder ein stürmischeres „Meer" als Impulsgeber. Letztendlich könnte es für sich erkunden, wer das salzige und wer das süße Element ist, und dass sie sich nur gemeinsam zu „Brackwasser" ergänzen. Zu jenem Bereich also, der von einer großartigen Lebenswelt besiedelt wird, welche den Ausgleich des osmotischen Drucks beherrscht. Ich ziehe für mich den Schluss, dass es im Leben gilt, bei der Bewertung von Beobachtungen genau hinzuhören! Klasse!

Ausgesucht und kommentiert von Birgit Heid

Barbarazweige –
unsere Wege trennen sich
Ramona Linke

Die Schlichtheit und die Sprachmelodie dieses Haiku haben mich beim Lesen sofort angesprochen. Der Brauch, im Dezember Zweige von Obstbäumen zu schneiden und sie in der Wohnung in einer Vase aufzustellen, ist vielerorts bekannt. Die Zweige sollen bis zum Heiligen Abend blühen und zum Weihnachtsfest die Wohnung schmücken.

Der Brauch geht auf eine Überlieferung von der Heiligen Barbara zurück, nach der sie auf dem Weg in das Gefängnis mit ihrem Gewand an einem Zweig hängenblieb. Sie stellte den abgebrochenen Zweig in ein Gefäß mit Wasser, und er blühte genau an dem Tag, an dem sie das Martyrium erlitt. Sie wurde von ihrem Vater Dioscuros enthauptet, weil sie sich weigerte, ihren christlichen Glauben und ihre jungfräuliche Hingabe an Gott aufzugeben.

Eigentlich soll das Aufblühen der Barbarazweige Glück im kom-

66

menden Jahr bringen. Eigentlich – aber das Haiku nimmt eine andere Wendung. Überraschend ist davon die Rede, dass sich die Wege zweier Menschen trennen. Eingestimmt durch die Überlieferung des Martyriums der Heiligen Barbara könnte es eine endgültige Trennung sein, aber das Haiku ist offen und ermöglicht auch die Deutung einer lediglich vorübergehenden Trennung.

Ein für mich sehr gelungenes Haiku, lässt es mich doch über einen alten und schönen Weihnachtsbrauch nachsinnen und erinnert mich gleichzeitig an die dunkleren Seiten des Lebens wie Tod und Trennung, ohne aber die Hoffnung ganz verlieren zu müssen.

Ausgesucht und kommentiert von Claus Hansson

Neujahrsmorgen –
der Weg vor mir
noch ohne Spuren

Sabina Ptascheck

Ein neues Jahr beginnt. Es hat geschneit, die Landschaft liegt unter einer frischen Schneedecke. Der sich unter ihr abzeichnende Weg weist noch keine Fuß- oder andere Spuren auf. Bald wird er begangen werden, bald wird auch das neue Jahr nicht mehr ganz neu sein.

Dies ist eines der Bilder, die der Leser beim ersten Lesen des Haiku imaginieren und sich ausmalen könnte. Es ist, wie auch andere sich anbietende „Einstiegsbilder", ein raumbezogenes und als solches auch ein recht statisches. Es liegt nahe, das sinnlich-anschauliche, dem Raum verhaftete Bild ins Zeitliche, Abstraktere zu übertragen.

An die Stelle einer Landschaft tritt nun die nicht festgelegte Zukunft, aus einem eher statischen Bild wird ein entschieden dynamisches – ein Bedeutungswechsel, der weit über die bekannten „guten Vorsätze" fürs neue Jahr hinausführt. Der Wille, Spuren zu hinterlassen, der Zukunft den eigenen Stempel aufzudrücken, sowie die Aufgeschlossenheit auch dem Wagnis des ganz Neuen gegenüber übernehmen nun die Regie. Verlockung und Abenteuer kündigen sich an am Horizont.

Der Weg und die Spuren, vom Räumlichen abgelöst, stehen in der Vagheit ihrer übertragenen Bedeutung für die bewusste Offenheit und damit Freiheit der individuellen Zukunft. Diese Offenheit so genau wie möglich in drei kurzen Zeilen eingefangen zu haben, stellt das Kunststück dar, welches dem hier besprochenen Haiku gelungen ist.

Ausgewählt und kommentiert von Reinhard Dellbrügge

Nebel
kein Wort
wo ich bin
Sebastian Salie

Sechs Worte. „Kein Wort", also nichts oder fast nichts gesagt. Hier wird geflüstert. Mit einer vertrauten Person, die Bescheid weiß, worin das Geheimnis besteht. Wo sich der andere Mensch aufhalten, im Nebel verschwinden wird. Es wird nichts zu der Ursache des klandestinen Ortswechsels gesagt, aber das ist nicht erheblich. Bedeutsam ist, dass es einen gravierenden Anlass geben muss, das bis dahin Erlebte zu unterbrechen.

Die Autorin oder der Autor des Haiku verfügt über eine große Schreiberfahrung. Es ist hohe Kunst, mit einer solchen Lakonie ein völlig unbenanntes Lebensdrama zu skizzieren. Großartig!

Ausgesucht und kommentiert von Birgit Heid

winternacht
an meinem fenster
ein licht ertasten

Helga Stania

Dieses Haiku macht mich stutzig. Beim ersten Lesen verstehe ich es kaum. Was bitte ist gemeint? Noch einmal langsam: in einer Winternacht am eigenen Fenster. Vermutlich ist es dunkel, das Fenster, das Zimmer. Was hat man in der Winternacht an seinem Fenster zu tun? Das sind die ersten Fragen, die mich beschäftigten. Ich nehme an, die Person ist erwacht und möchte das Licht anschalten. Jedoch ein Licht zu ertasten ist gemeint, nicht etwa einen Schalter. Wie ist es möglich, an seinem Fenster ein Licht zu vermuten? Der Eindruck dieses Haiku läuft auf Verwirrung hinaus. Diese wenigen Worte nehmen mich derart gefangen, dass ich bei dem Versuch, die Lösung zu finden, bereits beginne, ein wenig Mitleid mit der Person zu entwickeln, weil sie etwas tut oder möchte, was aus dem Rahmen fällt. Handelt es sich um eine Person, die mit viel Fantasie ausgestattet, gelegentlich selbst aus dem Rahmen fällt? Um ein Glühwürmchen kann es sich definitiv nicht handeln.

Ich frage mich, wie es möglich sein kann, im winternachtdunklen Fenster des eigenen Zimmers ein tastbares Licht zu vermuten. Wenn es sich spiegeln würde, wäre das Zimmer wahrscheinlich von einer Lampe erhellt, deren Schein sich im Fenster wiederfindet. Dies scheint in meinen Augen jedoch nicht der Fall zu sein. Bestenfalls leuchtet ein Handy oder ein Ladegerät und spiegelt sich im Fenster. Doch weshalb sollte man es ertasten wollen?

Ich könnte mir vorstellen, es handele sich um eine Person, die aus Alters- oder Krankheitsgründen verwirrt ist und in den eigenen vier Wänden nicht mehr gut zurechtkommt. Die sich womöglich am Ende ihres Lebens wähnt und sich nach dem vielzitierten Licht sehnt, dessen sie sich vergewissern möchte. Dieses Licht leuchtet vielleicht von außen herein.

Möglicherweise handelt es sich aber auch nur um die Irritation nach einer durchzechten (Silvester-)Nacht und man fühlt sich sterbenselend. Oder um die Nachwirkung eines Traumes.

Es gibt keine eindeutige Lösung. Das macht das Haiku mit seiner Dramatik offen für viele Gedanken. Erkennbar wird, wie schmal der Grat des „Normalverhaltens" ist und welch kleine Variationen zu Grübelei, Abgrenzung oder Stigmatisierung führen können. Vier der sieben der Wörter des Haiku können als Metaphern gesehen werden: die Winternacht für das Lebensende, das Fenster für die andere Welt, das Licht für das Leben (wie auch Goethes angebliche letzte Worte „mehr Licht"), das Tasten als zaghafte Annäherung. Da laufen mir dann doch ein paar Schauer über den Rücken.

Ausgesucht und kommentiert von Birgit Heid

Die Auswahl

harscher Schnee
die Klangspur mitnehmen
ans Lagerfeuer
Christa Beau

Elternabend
einige rächen sich
für damals
Martin Berner

Soundcheck
ich gebe ihr die Antwort
die sie hören will
Christof Blumentrath

Spiegelbild –
in Vaters Falten suche ich
Mutters Lächeln
Claudia Brefeld

dass sie ihn nicht vergessen
der Opa heute
besonders witzig
Martin Berner

Danke für alles
sie küsst die Luft
neben meinen Wangen
Christof Blumentrath

der Schleuser
sprach doch von Wohlstand …
abnehmender Mond
Claudia Brefeld

Fäule schneiden
aus einem Apfel
du und ich
Horst-Oliver Buchholz

Mädchenhaar
noch einmal streift mich
dieser Wind
Stefanie Bucifal

energisches Baby
die Mutter an der Wiege
eingeschlafen
Xiaoou Chen

Abrisshaus
der Mond scheint
durch alle Ritzen
Hildegard Dohrendorf

Aprilschnee
wir wollten doch noch
tanzen lernen
Bernadette Duncan

schmelzender Schnee
all die Worte
die ich nie schrieb
Petra Fischer

ein rabe
noch ein rabe
und regen
Matthias Gysel

Betongarten
am Baum aufgehängt
drei Meisenknödel
Taiki Haijin

Totholz
ich lasse dich
los
Stefanie Bucifal

Schaufensterpuppe
wie gut ihr
der Frühling steht
Frank Dietrich

Post aus Dublin
gut verpackt zwischen den Zeilen
dein Lachen
Hildegard Dohrendorf

Bernsteinring
die Kleine spricht Polnisch
mit der Mücke
Petra Fischer

auf dem Spiegel
eine Fliege
wie eitel sie ist
Gregor Graf

Pendelverkehr.
Sie schminkt sich
das blaue Auge weg.
Matthias Gysel

Fernreise
seine Langeweile war
wieder schneller
Taiki Haijin

Patina …
in beiden Händen geborgen
die Schale mit dem Sprung
Gabriele Hartmann

Morgennews –
Im Adventskalender
Gute-Laune-Tee
Deborah Karl-Brandt

zum dritten Mal
die Welt entdecken –
mit der Enkelin
Gérard Krebs

Im Sperrmüll
das ungewollte
Kirmesglück.
Hanne Leese

Barbarazweige –
unsere Wege trennen sich
Ramona Linke

Blütenmeer
unterm Fenster
lacht ein Kind
Ulrike Müller

Winterregen
ich lausche dem Meer
in der Muschel
Eleonore Nickolay

Fallende Blätter –
Auf ihren Beinen
sprießen die Haare
Deborah Karl-Brandt

Hochzeitstag am Meer –
das einsilbige Schmatzen
des Brackwassers
Klaus Kornexl

Den Kirschblütenzweig
möchte ich gern abbrechen –
aber das Summen …
Moritz Wulf Lange

Altjahresabend …
wir tauchen ein ins Flackern
eines fernen Sterns
Ramona Linke

Heimaufnahme
plötzlich fremd
ohne Perücke
Ruth Karoline Mieger

aufgebahrt
unser Freund zum ersten Mal
ordentlich gekämmt
Eleonore Nickolay

Frühjahrsputz;
seine Fingerabdrücke
entfernt
Kamil Plich

Der Frühling
ist in meinen Garten gehüpft
gezwitschert hat er dabei
Gisela Plohnke

noch immer
bessere Tage erwartend –
der Fluss im Nebel
Dragan J. Ristić

Nebel
kein Wort
wo ich bin
Sebastian Salie

wachsrose
du sagst mir
nichts von liebe
Birgit Schaldach-Helmlechner

winternacht
an meinem fenster
ein licht ertasten
Helga Stania

Neujahrsmorgen –
der Weg vor mir
noch ohne Spuren
Sabina Ptascheck

nach dem lauten Streit
das stumme Hadern
mit ihrem Spiegelbild
Wolfgang Rödig

Amphitheater
in Pompeji gibt ein Paar
sein eigenes Drama
Frank Sauer

Besuch bei Oma
aus der Kaffeemühle steigt
der Duft der Kindheit
Marie-Luise Schulze Frenking

Schleudergefahr
in den Spurrillen
der Vergangenheit
Brigitte ten Brink

Tanka-Auswahl der HTA

Silvia Kempen und Martin Thomas wählten 8 Tanka von 6 Autoren aus. Alle ausgewählten Texte werden in alphabetischer Reihenfolge der Autorennamen veröffentlicht. Es werden maximal zwei Tanka pro Autor aufgenommen.

„Ein Tanka, das mich besonders anspricht" – unter diesem Motto besteht für die beiden Jurymitglieder die Möglichkeit, bis zu drei Texte auszusuchen (noch anonymisiert), hier vorzustellen und zu kommentieren. Diesmal wurde ein Text ausgewählt.

Ein Tanka, das mich besonders anspricht

wie ich so ging
durch die Straßen der Stadt
fand ich die Menschen
verschlossen – selbst mein Spiegelbild
gab meinen Gruß nicht zurück

Gabriele Hartmann

Eines zeigt die Tanka-Auswahl dieser Ausgabe meines Erachtens deutlich: Gelungene Tanka vermögen ihre Leserschaft auf verschiedene Weise in den Bann zu ziehen. So ist es manchmal eine spezielle Form der Wortakrobatik, die einen besonderen Reiz ausstrahlt. In anderen Fällen bestechen gelungene Tanka vor allem durch eine humoristische Note, welche ein Augenzwinkern bei den Leserinnen und Lesern hervorruft. Wieder andere Werke überzeugen in erster Linie durch die Transponierung natürlicher Phänomene in die Sphäre der menschlichen Lebenswirklichkeit. Das vorliegende Gedicht hat mich persönlich jedoch aus einem völlig anderen Grund angesprochen: Es ist die Dichte der erzeugten Atmosphäre, die mich sofort fasziniert hat.

Thematisch zu verorten im Bereich der (Groß-)Stadtlyrik, schildert der Fünfzeiler einen Gang durch die Straßen einer nicht näher bestimmten Stadt. Auf diesem Gang begegnen dem lyrischen Ich augenscheinlich zahlreiche Menschen. Diese Menschen erzeugen jedoch nicht das Gefühl belebter Straßen, sondern hinterlassen aufgrund ihrer Verschlossenheit, die sich in abwendenden Blicken, reglosen Mienen oder fehlenden Unterhaltungen zeigen mag, eher einen dystopisch-melancholischen Eindruck. Dabei nimmt sich das lyrische Ich keineswegs aus: Genauso wie es die anderen Menschen als verschlossen wahrnimmt, stellt es diese Verschlossenheit auch bei sich selbst fest. Ob es hierbei ein Schaufenster, eine Regenpfütze oder etwa eine Autoscheibe ist, in welchem es sein freudloses Spiegelbild betrachtet, bleibt dabei der Fantasie der Leserschaft überlassen.

Sprachlich lebt dieses Tanka insbesondere vom ausgesprochen geschickt platzierten Enjambement zwischen der dritten und vierten Zeile. Durch die auf diese Weise erzwungene Atempause entfaltet die Feststellung, dass die Menschen, denen man auf den Straßen begegnet, in sich gekehrt sind, eine umso größere Wirkung. Dabei unterstreicht dieser Zeilensprung gleichzeitig in gewisser Weise aber auch die Sehnsucht nach Kontaktaufnahme und nach einer Änderung dieses Zustands – schließlich lässt die Mehrdeutigkeit des Verbs „finden" auch eine gezielte Suche nach anderen Menschen zu, die sich erst mit Beginn der vierten Zeile als hoffnungslos offenbart. So begegnet das lyrische Ich zwar physisch anderen Menschen, kann auf emotionaler Ebene jedoch keine Verbindung zu ihnen aufbauen.

Was die Bedeutung des Textes betrifft, so handelt es sich für mich unweigerlich um ein Porträt unserer gegenwärtigen Zeit. Seit dem Beginn der Corona-Pandemie hat sich unser aller Leben verändert, sind die Gräben in unserer Gesellschaft breiter und tiefer geworden, haben wir alle etwas von der Unbeschwertheit vergangener Tage verloren. Die große Herausforderung, dieser Fragmentierung der Gesellschaft entgegenzuwirken, schwebt ebenso zwischen den Zeilen dieses Tanka, wie die Angst davor, irgendwann wieder dort Gemeinschaft zu suchen, wo sie augenblicklich zerbrochen zu sein scheint. Damit veranschaulicht das Gedicht nicht nur eindrucksvoll, wie tagesaktuell die Gattung als solche sein kann, sondern

auch, welch wichtige Funktion Literatur als Form der ästhetischen Ver-
handlung sozialer Probleme und Fragestellungen in unserer Gesellschaft
zukommt.

Ausgesucht und kommentiert von Martin Thomas

Die Auswahl

ich nippe am Sekt
und zeige der Welt mein Lächeln
was niemand weiß
heute Nacht werde ich
Mata Hari sein
Christof Blumentrath

immer wieder
komme ich zu dir zurück
mein Leben
ist eine Langspielplatte
mit Kratzer
Christof Blumentrath

im Sternenhimmel
ganz anders verwirklicht
als ich dachte
mein Traum von
unermesslichem Reichtum
Frank Dietrich

das Frühlingslicht
wird halten was es verspricht
doch deine Worte
erfrieren – wie Kirschblüten
im letzten Schneeschauer
Gabriele Hartmann

wie ich so ging
durch die Straßen der Stadt
fand ich die Menschen
verschlossen – selbst mein Spiegelbild
gab meinen Gruß nicht zurück
Gabriele Hartmann

erinnerst du dich
an die Eisdiele wo wir
uns damals trafen …
ein buntes Papierschirmchen
und der Tag war gerettet
Eva Limbach

Sonderbeitrag von René Possél

René Possél hat aus allen anonymisierten Einsendungen ein Haiku ausgesucht, das ihn besonders anspricht.

> aufgebahrt
> unser Freund zum ersten Mal
> ordentlich gekämmt
>
> **Eleonore Nickolay**

Mit einer eindeutigen Aussage beginnt das Haiku: „aufgebahrt". Es geht um einen toten Menschen. Alle Assoziationen und Gedanken werden wahrscheinlich bestimmt sein von Tod und Trauer – oder?

„unser Freund zum ersten Mal": Es ist ein naher Mensch, der da aufgebahrt und betrachtet wird. Das Possessiv-Pronomen „unser" weist auf enge Freunde des Verstorbenen hin. Der zweite Teil der Zeile baut eine gewisse Spannung auf: „zum ersten Mal".

Was geschieht hier zum ersten Mal? Genauer: Was könnte in einem Zusammenhang, in dem es um „die letzten Dinge" geht, zum ersten Mal stattfinden?

Die Antwort in der dritten Zeile bringt, selbst in dieser todtraurigen Situation, den haikueigenen Humor zum Tragen: „ordentlich gekämmt" ist ihr Freund beim letzten Sehen – und zwar zum ersten Mal, seit ihn die Freunde kennen …

Nun könnte Schluss sein. Das gelungene Haiku bringt einen humorvollen Blick sogar angesichts von Tod und Trauer.

Mir kommen Gedanken darüber hinaus:

Passt der Scheitel zum „unordentlichen" (vielleicht eher chaotisch-kreativen) Freund? Könnte die Aufbahrung ihn nicht so belassen, wie er tatsächlich war? Ist der Versuch, zuletzt Ordnung auch in den Tod eines nicht mehr lebenden, unordentlichen Menschen zu bringen, nicht eine Verdrehung der Tatsachen?

Was kommt nach dem Tod? Die Korrektur des Lebens, die Verfälschung der Wirklichkeit, die Beschönigung eines individuellen, abweichenden Menschen mit seiner eigenen Geschichte? Oder die Vollendung des Unvollendeten, die Ergänzung der Fragmente in einer anderen Ordnung, die „Aufhebung" dieses einzigartigen Menschen, die liebevolle Heilung? Was kommt nach dem Tod?

allabendlich den
vater nach der schicht
gut abgeschrubbt

Foto: Claudia Brefeld, Haiku: Bernadette Duncan

Mitgliederseite

Jedes Mitglied der DHG hat die Möglichkeit, eine Einsendung zu benennen, die bei Nichtberücksichtigung durch die Jury der Haiku- und Tanka-Auswahl auf dieser Mitgliederseite veröffentlicht werden soll.

morgengrauen
scheinwerferlichter huschen
über den plafond
Sylvia Bacher

Altmännerrunde
der mit dem Krebs
gibt am meisten an
Martin Berner

die graue Stadt –
zwischen den Wolken
ein blaues Pferd
Gerd Börner

auf dem Pflaster
vor der Aussegnungshalle
Tränen
die Sonne
nimmt sie zu sich
Michael Deisenrieder

ach noch ein Weilchen
zusammen sein
Hand in Hand
Gregor Graf

Ein großes Stück Holz
auf dem gefurchten Acker –
bewegt die Flügel.
Thomas Berger

Vernetzung im Wald
Parasol und sein Myzel
im Verborgenen
Eva Beylich

Sommernachtbrise
ein Schrei – zerrissen ist die
Robe der Schatten
Verona Costache

Im heißen Wasser
Besinnt er sich auf sich selbst
Laust sich – der Makak
Susanne Dinnendahl

ein leberblümchen –
im spiegel
der rauhnacht …
Ruth Guggenmos-Walter

jemand spielt
Piano – wir üben uns
im Nichtstun
Gabriele Hartmann

zur Mariengrotte
bemalte Kiesel
weisen den Weg
Angelika Holweger

mit dir
die Zeit erträumen
aufblühende Amaryllis
Ilse Jacobson

gehört werden noch
im mediengewitter
die leisen verse
Erich Pfefferlen

Im kahlen Nussbaum
Meisen huschen hin und her
Ein letztes Blatt winkt
Johann Reichsthaler

im Viruszeichen –
ich höre alte Hits wie
Blumen für Tote
Dragan J. Ristić

Die Wintersonne
verlischt auf dem Rückweg. Nun
schlafen die Berge.
Michael Rasmus Schernikau

ach, schneesturm!
warum jetzt? – ungeimpft
mein drahtesel
Bernhard Haupeltshofer

Nebelmonat.
Das Paradekissen der
Großeltern: so bunt.
Saskia Ishikawa-Franke

Dreikönigswind –
gar flüchtig wiegt er das Glitzern
des jungen Bambus
Ramona Linke

Ich such' das Smartphone
im ganzen Haus, und hab's in
der Hosentasche!
Günther Radach

vereiste autos
die raben auf den bäumen
belauern sich
Bernhard Riedl

Herbstmenü
zum Rausch der Farben
Wehmut
Peter Rohrbeck

oben am hang
stürmende elefanten
die drei bäume im wind
Theo Schmich

erdbeererkenntnis
eigentlich bin ich
ein nüsschen in rot
   Annika Carmen Schmidt

Tag der Poesie –
den Laptop verkabeln
mit dem Fernseher
   Maren Schönfeld

Mitten im Eismond
gibt die Heizung den Geist auf.
Hektisches Treiben.
   Gerhard A. Spiller

Auf allen Wegen
Raureif-Diamanten-Glanz
am Drei-Königs-Tag
   Angela Hilde Timm

zusammen
schlafen wir ein, irgendwann
für immer
   Jan Weck

Schritte im Schnee
die Spuren des Vorgängers
viel zu groß
   Evelin Schmidt

Lass dich liebkosen
Wort zwischen den Zeilen
unausgesprochen
   Sulamith Sommerfeld

weiße stille
gesammelt im pflaumenbaum
abendwind
   Helga Stania

Von Gestalt oval
Keimzelle allen Lebens
das Wunderwerk Ei.
Als Zeichen der Fruchtbarkeit
schon Symbol der Antike.
   Christa Wächtler

Heute kam ein Brief
auf besonderem Papier –
ein Sommer-Kasen …
   Birgit Wendling

Nachtrag der Haiku von Winfried Benkel für die Anthologie „Die Sonne reifer Äpfel"

Für die DHG-Anthologie „Die Sonne reifer Äpfel" hatte auch **Winfried Benkel** fünf Haiku eingereicht. Vermutlich durch einen technischen Fehler im Mail-Verkehr, der sich nicht mehr ganz ergründen lässt, fanden die Haiku keinen Eingang in die Anthologie. Wir möchten sie deshalb an dieser Stelle dokumentieren:

Frost
am Rand des Teiches bricht
das Lachen aus

Sonntagmorgen
im Prachtbrunnen schwimmen
die Reste der Sommernacht

Geburtstag
das Gewicht
der fehlenden Worte

am Rand des Weges
einen Seitensprung wagen –
der Duft der Rosen

still lässt sich der Herbst
auf den Rasen fallen -
Zedernzapfen

Die Auswahl der folgenden Texte ebenso wie alle in dieser Ausgabe abgedruckten Haiga erfolgte durch Horst-Oliver Buchholz, Eleonore Nickolay, Claudia Brefeld und Thomas Opfermann.
Bei eigenen Einreichungen enthalten sich die Redaktionsmitglieder ihrer Stimme, Diskussion und Wertung.

Gerne verstärken wir unsere Jury in jeder Ausgabe um eine wechselnde Gaststimme. Wir laden alle DHG-Mitglieder ein, sich hierzu bei der Redaktion unter

redaktion@deutschehaikugesellschaft.de zu melden!
Bei allen Beiträgen (inklusive Haiga) bitte keine Simultaneinsendungen.

Haibun

Stefanie Bucifal

Schatten

Ich war in meinen Dreißigern und hatte das Elternhaus längst verlassen, als ich von der Existenz meiner Geschwister erfuhr. Zwei große Brüder, gestorben im Abstand von vier Jahren in einem Brutkasten auf der Frühchen-Station des Kreiskrankenhauses. Vielleicht wollte meine Mutter mich schonen und erzählte mir deshalb all die Jahre nichts. Vielleicht wollte sie sich selbst schonen.

Für mich war es ein Gefühl der Erleichterung, letztlich doch noch die Geschwister zu bekommen, deren Abwesenheit ich während meiner gesamten Kindheit gespürt hatte. Eine Sprachlosigkeit war nun benannt.

Familienfeier
wir teilen das Brot
mit Geistern

Rückblickend wünschte ich, ich hätte früher von meinen toten Brüdern erfahren. Sie sind die Erklärung für den unsichtbaren Kasten, in den meine Mutter mich gesteckt hatte, in der Absicht, mich vor Dingen zu schützen und Gefahren zu bewahren, um die nur sie wissen und die nur sie fürchten konnte. Mein ganzes bisheriges Leben lang hatte ich die gläsernen Wände gespürt und meiner Mutter diese Begrenzungen, die unwillkommene Fürsorge übelgenommen. Ich wusste nicht um ihre Angst.

Im von Demenzvernebelten Verstand meiner alternden Mutter führen meine Brüder ein Eigenleben. Sie hat sie nicht in der Erinnerung konserviert.

Seit sie in der Pflegeeinrichtung lebt, verbirgt sie diese Tatsache nicht mehr. Seither unterscheidet sie nicht mehr zwischen ihren lebenden und ihren toten Kindern. Sie spricht von meinen Brüdern in der Gegenwart.

Während meiner seltenen Besuche kommt es vor, dass sie mich ansieht, als sei ich nicht ich, nicht ihre Tochter, sondern bloß eine Erinnerung, von der man nicht sicher sein kann, ob sie zutrifft oder nicht.

Meine eigene Existenz erscheint mir in solchen Augenblicken nicht mehr oder weniger real als das Leben meiner Brüder, das stets nur ein Bündel an Möglichkeiten blieb, von denen sich keine hatte entfalten dürfen.

Lange Zeit waren meine Brüder mein letzter Gedanke vor dem Einschlafen und mein erster Gedanke beim Aufwachen.

In meiner Vorstellung sind die beiden erwachsene Männer. Älter als ich, mitgewachsen, mitgealtert. Sie stehen im Schwarz einer leeren Bühne. Eine unzureichende Lichtquelle verschattet ihre Züge. Nie kann ich die Details ihrer Gesichter vollständig erkennen. Und dennoch sind sie mir seltsam vertraut, wie die schwarz-weißen Portraits längst verstorbener Ahnen.

Stumm und wohlwollend wachen sie über mich, wenn ich die letzten Eindrücke des Tages loslasse und in den Schlaf gleite.

dunkler Zwilling
als Schatten folgt er mir
durchs Licht

84

Birgit Heid

Balance

Husten und Fieber
nach dem Weihnachtssegen
in die Stille Nacht

die Absage der Schwägerin bezüglich unseres Besuchs. Stattdessen ein Te-
lefongespräch mit ihr über Schwiegervaters Geburtstagsplanung. Die freie
Zeit kommt uns nicht ungelegen. Doch auch die Frage: Was haben wir uns
noch zu sagen, nachdem die erwachsenen Kinder ihr eigenes Leben füh-
ren. Holen wir als Gesprächsthema unseren Nachwuchs aus den Schubla-
den, weil uns der Stoff ausgeht? Weltanschaulich liegen wir weit auseinan-
der. Wichtige Themen unseres Lebens müssen wir aussparen. Wie oft
haben wir betreten geschwiegen?

Spülwasser
beim Sortieren der Töpfe
die Gedanken ausrichten

Ich lese einen Artikel über das Sterben und die Stufen des Organausfalls
beim Hinübergehen. Auch die schönen Lichter während einer Nahtoder-
fahrung seien nichts als körperliche Reaktion. Ohne Gehirn gibt es keine
Gedanken und Visionen.

außer mir
die Grenze zwischen den
Regionen des Denkens

Birgit Heid

Dunst

> roter Morgenhimmel
> eine Badende
> im Schaufenster

Das häufige Motiv der Maler. Frauen, mit Handtüchern umwickelt, räkeln sich in wohliger Selbstvergessenheit. Ein unbeabsichtigter Blick auf eine junge Frau nach der Dusche. Sie wendet sich mit ihrem Handtuchturban dem Spiegel zu, sie hat es nicht eilig. Vielleicht nur heute nicht. Arbeitet sie von zu Hause aus? Hat sie heute Spätschicht? In ihrer ruhigen Konzentration befindet sie sich in ihrem eigenen, verletzlichen Kosmos. Ich frage mich nicht weiter.

> Verloren
> dein Blick sucht einen
> Gedanken

Ingrid Meinerts

Radio Days*

Die Familie hockt vor dem braunen Kasten mit dem grünen magischen Auge.
Es ist Krimizeit. Gesendet wird: Paul Temple. Ein Straßenfeger. Auch die Nachbarn sitzen zu Hause vor ihren Geräten.
Ich bin noch klein. Darf nicht dabeisitzen. Liege im Bett und höre die Geräusche aus dem Nebenraum. Leise Musik, Gemurmel, das Lachen der Großen.

Es ist schön, hier zu liegen. Ich kuschle mich in meine Decke und schlafe ein.

verlorene Zeit –
auf Schatzsuche
im Internet

*Titel eines Woody Allen Films

Frank Sauer

Mittagsstunde in Venedig

Es ist heiß, mittags. Siesta. Niemand wagt sich zu dieser Stunde auf die Straße, und in die leeren Gassen fallen zuweilen Stimmen und Küchengeräusche hinter den geschlossenen Jalousien hervor. In den blauen Himmel sind Wäscheleinen quer gespannt, und dann und wann huscht eine Katze aus einem Hauseingang und über die nächste Gartenmauer hinweg.
Unweit des Arsenals schallt aus einem Bäckerladen sehr laute Musik, füllt die ganze Straße. Eine mir bekannte Melodie, ein warmer Klang, der ganz tief hinabgeht, ganz nach unten in ein längst verlassenes Lebensgefühl, meinen Grundton anstimmt und Seelensaiten vibrieren lässt. Hitze reflektiert aus den warmen Mauern, den sandigen Farben, dem Ocker, der Stille, und dann dieser satte Les Paul-Sound, erdiger Bluesrock. Hart und cremig kommen die Riffs aus der Gitarre. Doch ich kann das Stück nicht einordnen, es bleibt nur eine Erinnerung an das elektrisierende Treiben damals in den Clubs, auf Partys und Konzerten. Der Name der Band ist mir entfallen, weil die Coverversion so anders ist, die Stimme des Sängers so fremd. Auch der Name des Stücks liegt auf der Zunge, will aber nicht ins Gehirn und ausgesprochen werden.
Ich betrete den Laden, kaufe zwei Kuchen und frage in den wummernden Bass hinein nach dem Stück, das unablässig meinen Rücken mit Gänsehaut

überzieht. Ohne die Anlage leiser zu stellen, reicht mir der Bäcker eine CD-Hülle über den Tresen. Jetzt weiß ich, welcher vertraute Song mich so hingerissen hat, und der Gitarrist steigt auf in meinen Olymp. A New Day Yesterday.

Kleidungsstücke
gespannt über der Gasse
Tropfen auf den Kopf

Helga Stania

alp jänzimatt

ihr seid ja noch jung und schön, sagen die bauern, als wir ihnen unser wan-
derziel nennen; lachend gehen wir am bach entlang, weiter auf dem pfad,
steil ansteigend, ausgewaschen, stufe um stufe über wurzeln und stein. die
sonne wärmt moor, wald und fels.
in unser schweigen schwingen die glocken talwärts ziehender rinder.

ein kräftiges stück käse können wir noch kaufen, bevor der abstieg beginnt,
immerfort den vollen tagmond im blick

was der gletscher schrieb am wegesrand herbstzeitlosen

Helga Stania

an das ungeborene

gleich, ob du ein mädchen oder ein junge bist, falls du mich eines tages besuchst, möchte ich mit dir über den nebeln gehen, dir blüten und falter zeigen; nach jahren, vielleicht, wirst du sie wiedererkennen und an mich denken

nebellichten stiller landschaft echoraum

Christof Blumentrath

Lichtkönigin Lucia

In der Werkstatt ist es angenehm kühl. Es duftet nach Holz und Ölen. Ich will aus dem getrockneten Wurzelholz einer vor Jahren ausgegrabenen Strauchrose eine kleine Schmuckschatulle bauen.
Als die Sonne im Westen verglüht, halte ich in meinen Händen, denen dieser unvergleichliche Duft anhaftet, ein wundervolles Döschen.
Ich lege eine getrocknete Rosenknospe hinein und schließe den mattglänzenden Deckel.
Bis Weihnachten muss ich es vor ihr verstecken.

Sommernacht
zwischen uns nichts
als Atem

Evelin Schmidt

Ausflug

Es war ein Frühsommertag im Coronajahr 21. Mit dem Blick in den Garten habe ich ein Telefonat geführt, die Kontakte konnten wenigstens so aufrechterhalten werden und die Hoffnung auf ein Wiedersehen.
Plötzlich ein flatternder Vogel, der sich hinter der Glasscheibe des Laubenanbaus verflogen hatte, ich unterbrach das Gespräch. Ein kleiner Rotschwanz war offensichtlich bei seinem ersten Ausflug einer unbekannten Gefahr begegnet.
Behutsam konnte ich das Federknäuel mit beiden Händen greifen, um es in die Freiheit zu entlassen.
In diesem Moment setzte sich der kleine Bursche tollkühn auf meinen Zeigefinger und piepste seine Nachricht in die Welt – gerettet oder Hilfe? Wir blickten uns in die Augen, und ich bewunderte das mutige Vögelchen. Am Zaun rief seine Mutter aufgeregt.
Einen Augenblick lang stand die Welt still.

> der Blick in den Garten
> die Rosen blühen
> in diesem Jahr prachtvoller

Michaela Kiock

auf leisen Sohlen

hier war heute wieder eine Bombenentschärfung – alles gut gegangen.

> blaue Stunde
> im Nebenhaus
> das verstimmte Klavier

Gabriele Hartmann

stark

Die Tür steht offen. Im halbdunklen Flur schimmert ein gemaltes Schild: „Gemeinsam sind wir stark." Aus dem verwilderten Garten klingt Kinderlachen. Hinter vorgehaltener Hand weiß einer: „Das Frauenhaus!"

zwölf Schläge
nah der Kirche
ein RKW

Petra Fischer

Stille Tage

Warmer Sommerregen fällt auf die Schlei. Nur wenige Boote. Ich bin vielleicht acht oder neun. Wie immer verbringe ich ein paar Wochen der Ferien bei meiner Großmutter in Schleswig. In diesem Zimmer habe ich mein erstes Lebensjahr verbracht. Ich kauere auf einem gelben Korbstuhl mit braunen weichen Kissen.
Er steht direkt vor einem der beiden Fenster. Wenn ich es öffne und mich nur ein wenig hinauslehne, sehe ich das Schloss. Manchmal schreit eine Möwe.
„Möchtest du deinen Salat süß oder sauer?", ruft meine Oma aus der Küche.

Stockrosen
meine tiefe Sehnsucht
nach Heimat

Tanbun

Rita Rosen

225 Jahre ANNETTE VON DROSTE-HÜLSHOFF
1797 – 1848

KONTEXT TANBUN
zu Verszeilen der Dichterin
(Lebt wohl / Der Knabe im Moor / Am Turme)

„und jedes wilden Geiers Schrei
In mir die wilde Muse weckt."

    aufgeschreckt –
    den Bleistift suchen
    das Papier noch leer

„Ja, im Geröhre war's fürchterlich,
O schaurig war's in der Heide!"

    die Fibel –
    Ratschläge für den Sprung
    über den Tümpel

„Und darf nur heimlich lösen mein Haar,
Und lassen es flattern im Winde!"

    die juckende Kopfhaut
    befreit
    von Nadeln und Grillen

Tan-Renga

Ilse Jacobson und Horst Ludwig

ein Barfußsommer
und die Wiesen der Kindheit
grenzenlos im Traum

Ja, so war's 's Ährenlesen,
Schlehen nach dem ersten Frost

IJ / HL

Michaela Kiock und Gabriele Hartmann

Minusgrade
in meiner Tasche
eine getrocknete Rose

zu Staub geworden
das Pergament mit dem Herz

MK / GH

Michaela Kiock und Gabriele Hartmann

der Schrei
eines Bussards weitet
den Horizont

ich schließe die Augen
und warte

MK / GH

Ingrid Meinerts und Gabriele Hartmann

der Mond geht auf
Hand in Hand treten wir
den Heimweg an

die großen Fragen
verschoben auf morgen

GH / IM

Ingrid Meinerts und Gabriele Hartmann

Maskenpflicht
von Wolke zu Wolke schwebt
ein blaues Band

Schneeglöckchen
machen sich bereit

GH / IM

Rengay

Ingrid Meinerts und Gabriele Hartmann

angezogen

erstes Frühlingslicht
gestaut in Gräben und Wiesen
was wir versäumten

jetzt online – Liebesorakel
zur Walpurgisnacht

kosende Hände
die Ohren des Esels zucken
im Traum

erkennen:
auch Äpfel fühlen sich
von ihr angezogen

Adam ... auf der Leiter
zum lächelnden Mond

singender See
am Morgen
– sie lauschen

GH: 1, 3, 5 / IM: 2, 4, 6

Sylvia Bacher, Christof Blumentrath und Gabriele Hartmann

Luftküsse

die Amsel zieht
der Wurm wird lang länger
und reißt

in dunkle Wolken schiebt sich
ein blaues Band

rapid eye movement
langsam kommt er hinein
Duft erster Primeln

hellgelber Sonnenhang
gegenüber noch Schnee

Luftküsse –
sie schmilzt
dahin

zu Valentin
das Signum aus Blut

SB: 1, 4 / GH: 2, 5 / CB: 3, 6

Sylvia Bacher, Christof Blumentrath und Gabriele Hartmann

alles fake

junger Farn
seine erhobenen
Fäuste

Himmelwärts
ihr stummes Rufen

Erstarrt
verharren die blauen
Kühe

ich tausche den Platz
mit dem König

alles fake!
der Maler reißt das Selbstporträt
von der Wand

im Raunen der Menge
staunende Kinderaugen

GH: 1, 4 / CB: 2, 5 / SB: 3, 6

Kettengedichte

Claus Hansson und Ilse Jacobson

dennoch
Renhai

der alte Tempel
auf ihrer Grußkarte
ein dennoch … IJ

tief im Spalt des grauen Fels   CH
flackerndes Kerzenlicht   IJ

Lauschen –
wie damals erklingt
das Oratorium   CH

Ilse Jacobson und Angelika Holweger

Monets Farben
Renhai

Traumzeit
weißer als weiß
das Schwanenpaar   IJ

Monets Farben im Sonnenaufgang   AH
und der Flügelschlag einer Meise   IJ

Vernissage
die Dame in Rot umgarnt
vom jungen Musiker   AH

Es können auch längere und lange Kettendichtungen eingereicht werden, diese werden dann aber nicht mehr im SOMMERGRAS, sondern auf der DHG-Website parallel zur jeweiligen SOMMERGRAS-Ausgabe veröffentlicht. Auf diese Weise wird die gemeinschaftliche Kettendichtung besser gefördert, da es so keine Platzeinschränkungen mehr gibt, die beim SOMMERGRAS ja immer eine Rolle spielen.

Die Kettendichtungen (*renku*) bitte immer mit dem zugrunde liegenden Schema und Anmerkungen einreichen, da es so für die Leser besser nachvollziehbar ist.

Wir freuen uns auf Ihre Zusendungen!

Haiga: Christof Blumentrath

Rezensionen/Besprechungen

Traude Veran

Petra Klingl: Haiku

Petra Klingl: Haiku. Rotkiefer Verlag, Berlin 2020, 80 Seiten, Hardcover, ISBN: 978-3-949029-00-4

Der schmale, aber stabile Band des kleinen Haiku-Verlags versammelt etwa 40 Schwarz-weiß-Fotos und stellt ihnen je ein Haiku gegenüber. Das sind keine Haiga, die Bilder nicht kunstvoll ausgeführt. Sie deuten an, sind Ausgangspunkte der Überlegungen, denen die Texte entsprangen. Dass jedes Seitenpaar nur eine Komposition enthält, lässt viel Raum für eigene Gedanken.

Die Welt in und mit der Natur tut sich vor uns auf – nicht, weil das Haiku angeblich ein Naturgedicht sein muss, sondern weil Petra Klingl diese Szenen (soeben, ist man versucht zu sagen) miterlebte. Man spürt eine an Issa erinnernde Liebe zum Unscheinbaren und Kleinen, das doch unser Er-Leben lenkt.

Auch die Form ist klein: Petra Klingl braucht keine 17 Silben, um etwas auszudrücken.

Mein Lieblingshaiku aus dem Buch:

Die Nacht
dampft ihre Kälte
in den Morgen

Deborah Karl-Brandt

The Endangered C – Playing with Language, Typography and Space

Jim Kacian (Monoku), Terry Ann Carter (Paper Arts), Claudia Brefeld (Commentary): The endangered C. playing with languages, typography, space. Red Moon Press, Winchester 2021. ISBN 978-1-947271-87-6

Ein besonderes Buch liegt vor mir auf dem Tisch. Schon der Titel verrät, es geht ums Experimentelle, um das Ausloten neuer Räume und darum, die künstlerischen Grenzen zu erweitern. Minimalistische Gedichte treffen auf opulente Papierkunst. Dreiundvierzig bereits veröffentlichte Monoku aus der Feder von Jim Kacian werden von der Haiku-Autorin und Papierkünstlerin Terry Ann Carter kongenial aufgegriffen und zu Collagen erweitert. Gedicht und Collage finden Platz auf einer Doppelseite, stehen gleichwertig als selbstständige Kunstwerke nebeneinander. Das Gemeinschaftswerk wird von Claudia Brefeld durch eine Einführung und Kommentare ergänzt. Gleich drei Vorworte sind den Kunstwerken vorangestellt. Sie lassen jedem der Mitwirkenden Raum, um über ihre Inspiration und die Liebe zu ihrer Kunst zu sprechen.

Ungewohnt grell ist die Farbgebung: Gelb und schwarz sind die beherrschenden Töne und erinnern in ihrer Aggressivität an die Warnfärbung einer Wespe. Dazwischen wie Feuerwerk die opulent bunten Farben und Strukturen der Collagen. Euro-amerikanische Pop-Art-Einflüsse treffen auf eine japanische Lyrikform, und so entstehen ganz intensive, neuartige Haiga. Allen Collagen gemeinsam ist, dass es keine Einheitlichkeit gibt. Jedes verwendete Stück Papier, jede ausgewählte Schriftart: ein Unikat. Dieses Buch schreit nach Aufmerksamkeit. Und es bekommt sie auch. Völlig zu Recht!

Die entstandenen Werke erweitern nicht nur visuell, sondern auch thematisch den Rahmen. Über zwischenmenschliche Beziehungen, die existenzielle Beschäftigung mit der eigenen Vergänglichkeit oder Naturbetrachtungen wurde und wird traditionell viel geschrieben. Verpönter ist es hingegen, sich politischer Anliegen anzunehmen. Ohne erhobenen Zeigefinger beziehen die Künstler Stellung zu gesellschaftlicher Diskriminierung oder dem Klimawandel. Es sind Texte wie diese zwei, die mich besonders fesseln, die ich mehrmals lesen möchte und über deren Bedeutung ich lange nachdenke:

big fat dreaming in a free land	große Träume in einem freien Land
could go either way the fragile sea	Könnte so oder so ausgehen das fragile Meer

Voller Mitgefühl widmen sich die beiden Künstler somit den drängendsten Problemen unserer Zeit, die das Leben der folgenden Generationen nachhaltig bestimmen werden.

Die Texte und Collagen enttäuschen nicht. Sie wühlen auf, holen mich ab aus der Komfortzone, bombardieren mich mit universellen und zugleich sehr subjektiven menschlichen Erfahrungen. Manches Werk zwingt förmlich dazu, Stellung zu beziehen oder einer unschönen Wahrheit mutig ins Gesicht zu sehen. Ein Buch, das Emotionen weckt, das durch und durch authentisch und lebendig wirkt. Ein Buch, dass nachdenklich stimmt. Ein mehr als beachtenswertes Buch. Ein Buch, das sich zu lesen lohnt.

Volker Friebel

Die Anfänge des deutschsprachigen Haiku
Bücher- und Verlagsvorstellung

Lange, Moritz Wulf (Hg) (2021): Die frühen deutschen Haiku von Franz Blei und Yvan Goll. edition das haiku bei BoD, Norderstedt. ISBN 978-3-7543-9863-0.

Lange, Moritz Wulf (2021): Von Blei zu Bodmershof. Das deutschsprachige Haiku und seine Anfänge (1849–1962).
edition das haiku bei BoD, Norderstedt. ISBN 978-3-7557-3274-7.

Lange, Moritz Wulf (Hg) (2021): Index zum Jahreszeitenwörterbuch von Takahama Kyoshi. edition das haiku bei BoD, Norderstedt. ISBN 978-3-7543-4712-6.

Ein neuer Haiku-Verlag. Der Gründer Moritz Wulf Lange (Literaturwissenschaftler, Historiker und Autor) schreibt zum Verlagskonzept auf der Netzseite:

> „Die Edition veröffentlicht Bücher zum deutschsprachigen und japanischen Haiku, vorwiegend aus dem geisteswissenschaftlichen und feuilletonistischen Bereich. Sie richtet ein besonderes Augenmerk auf solche Werke, deren Themen für die etablierten Verlage zu spezialisiert sind."

Die ersten drei Bücher beschäftigen sich mit Grundlagen des Haiku.

Ich blättere durch den Index zum Jahreszeitenwörterbuch von Takahama Kyoshi, von dem 350 der mehr als 2.400 Jahreszeitenthemen auch ins Deutsche übertragen wurden (Werner Schaumann & Kato Keiji (2018): Singen von Blüte und Vogel. Takahama Kyoshis Jahreszeitenwörterbuch. Unveränderter Nachdruck der 1. Auflage. Tokyo 2004. Eine Publikation der OAG Deutsche Gesellschaft für Natur- und Völkerkunde Ostasiens, Tokyo. IUDICIUM, München.) Das Buch von Lange führt die Jahreszeitenwörter alphabetisch auf (was im Original nicht erfolgt ist) und nennt die zugehörigen Seitenzahlen des Originals. Wer das Buch von Werner Schaumann und Kato Keiji besitzt und schätzt, wird über diese Ergänzung wahrscheinlich erfreut sein. Ich bin solchen Wörterbüchern gegenüber allerdings sehr skeptisch und fühle mich nicht recht angesprochen.

Ganz anders sieht es mit den beiden anderen Büchern aus. In mehreren Darstellungen der Geschichte des deutschsprachigen Haiku sind die Dichter Franz Blei und Yvan Goll als die ersten genannt, die eigene deutschsprachige Texte als Haiku veröffentlichten, die Angaben bleiben aber karg. Dem hilft Langes Buch „Die frühen deutschen Haiku von Franz Blei und Yvan Goll" gründlich ab. Nicht nur werden alle Haiku (bzw. Hai-Kai wie es damals hieß) dieser beiden Autoren wiedergegeben, auch die Prosa der Dichter zu den Haiku wird abgedruckt. Außerdem hat Lange Autorenportraits erstellt, mit besonderer Berücksichtigung der beiden Schriftsteller in ihrer Stellung zum Haiku. Die Haiku von Franz Blei mögen wenig wert erscheinen und im Wesentlichen aus dem Drang oder Zwang entstanden sein, Seiten einer Zeitschrift zu füllen, auch die Haiku von Yvan Goll mögen sich an den Kern des japanischen Haiku erst noch herantasten, doch wer sich mit der Geschichte des deutschsprachigen Haiku beschäftigen möchte, kommt um dieses Buch nicht herum.

Im Vorwort des dritten Buchs, „Von Blei zu Bodmershof. Das deutschsprachige Haiku und seine Anfänge (1849–1962)" schreibt Lange, dass er keine erschöpfende wissenschaftliche Abhandlung angestrebt habe, sondern „zunächst" eine Einführung mit einem ersten und gut verständlichen Überblick. Dieser Überblick von den Anfängen bis einschließlich den Haiku von Imma Bodmershof (ihr erstes Haiku-Buch erschien 1962) erstreckt sich über immerhin 56 Seiten und schließt ein Literaturverzeichnis von 27 Seiten an.

Auch das Fachbuch von Andreas Wittbrodt „Hototogisu ist keine Nachtigall", erschienen 2005 bei V&R unipress, Göttingen, beschäftigt sich mit dieser Zeit und führt darüber hinaus bis in das Jahr 1999. Ein schwerer Mangel des Buches von Wittbrodt ist allerdings, dass darin nur Haiku-Autoren aufgenommen wurden, die bereits durch andere Literatur bekannt geworden waren. Das ist etwa so, als würden in eine Lyrik-Anthologie nur Texte von Dichtern aufgenommen, die auch Prosa geschrieben haben, was impliziert, dass Haiku keine Kunst ist, die für sich selbst betrachtet und ernst genommen werden kann. Immerhin: Blei und Goll gehören zu den von Wittbrodt Aufgenommenen, auch Rilke und Bodmershof.

Was dem innerhalb seiner Grenzen durchaus guten und gründlichen Buch von Wittbrodt fehlt, findet sich im Buch von Lange. Dass Haiku an den Lagerfeuern der Jugendbewegung gedichtet wurde, blieb zwar zunächst ohne Nachhall in der Literaturwelt. Doch dieser Strang dürfte, vermittelt vor allem durch Carl Heinz Kurz, für die Gründung der Deutschen Haiku-Gesellschaft von nicht zu unterschätzender Wichtigkeit gewesen sein.

Langes Buch führt in das Haiku in Japan ein, beschäftigt sich mit den ersten Übersetzungen ins Deutsche mit ihrem Ringen um die Form, diskutiert die ersten vereinzelten Versuche, eigenständige Haiku in Deutsch zu schreiben, kommt zum Beginn einer deutschsprachigen Haiku-Tradition, den er nach dem zweiten Weltkrieg ansetzt, mit Artmann, Kleinschmidt, von Salis und vor allem Bodmershof.

Bis dahin ist die Zahl der veröffentlichten Haiku-Autoren immer noch überschaubar. Die Zeit nach Bodmershof bis zur Jahrtausendwende wird zwar im Buch von Wittbrodt behandelt, aber eben in den gesteckten Grenzen von Haiku anderweitig etablierter Autoren. Die Haiku-Szene im engeren Sinne fehlt dort ganz. Sehr schön wäre eine ähnlich gründliche Aufarbeitung auch dieser Zeit. Das Projekt von Moritz Wulf Lange lässt hoffen, dass so etwas in absehbarer Zeit erscheinen wird.

Nach dem Ende des Hamburger Haiku Verlags gibt es nun also den Rotkiefer-Verlag von Petra Klingl und Stephanie Mattner in Berlin sowie die „edition das haiku" von Moritz Wulf Lange in Hamburg. Viel Glück wünsche ich, viele Leser, viel Freude bei der nicht leichten Arbeit, viele Sonnenstrahlen auch im Winter der Dichtung!

Moritz W. Lange

Die Schriftstellerin Imma Bodmershof

Cécile Cordon: Zwischen Hölderlin und Hitler. Die Schriftstellerin Imma Bodmershof und ihre Zeit (1895–1982). Leipzig: Eudora Verlag, 2020. ISBN: 978-3-938533-72-7.

> *Reiherjagd*
> Er ist getroffen!
> Die Augen brechen. Doch sieh,
> er hebt die Schwingen zum Flug.

Dies ist eines der frühesten von Imma Bodmershof veröffentlichten Haiku, noch mit Überschrift, abgedruckt in „Wort in der Zeit", April 1959. Da war Imma Bodmershof – die amtlicherseits tatsächlich stets Bodmershof, und nie *von* Bodmershof, geheißen hat – schon längst eine arrivierte Romanautorin, die im selben Jahr mit dem Österreichischen Staatspreis ausgezeichnet worden war. Auch wenn sie heute besonders für ihre Haiku bekannt ist, machen diese nur einen Teil ihres Lebens aus, und nicht einmal den größten. Imma Bodmershof war mit Rilke bekannt, verlor ihre erste große Liebe im Feuerhagel vor Verdun, baute sich, zusammen mit ihrem Mann, ein Leben als Gutsbesitzerin auf und fand daneben noch Zeit, als erfolgreiche Romanschriftstellerin zu arbeiten. Wer nachlesen möchte, wie das Leben der Begründerin der deutschsprachigen Haiku-Dichtung im Einzelnen verlaufen ist, kann nun auf die umfangreiche Biografie von Cécile Cordon zurückgreifen, die vor etwas mehr als einem Jahr erschienen ist. Das detailreiche, gut lesbar geschriebene Werk erlaubt nicht nur einen Einblick, sondern ein regelrechtes Eintauchen in Imma Bodmershofs Welt und ist wärmstens zu empfehlen.

Petra Klingl

17 Ansichten des Berges Fuji – Bilder und Tanka

Sabine Sommerkamp: 17 Ansichten des Berges Fuji. Bilder und Tanka. Deutsch – Japanisch. IUDICIUM Verlag GmbH München, 2021. 60 Seiten, gebunden, 27,5 x 20 cm; ISBN: 978-3-86205-545-6

Wie es zur Entstehung dieses hochwertigen Buches kam, schreibt Sabine Sommerkamp am Anfang:

> „Um 1830 veröffentlichte der große japanische Maler und Farbholzschnittkünstler Hokusai (1760–1849) seine berühmte Serie „36 Ansichten des Berges Fuji", wenig später erschien sein dreibändiges Lebenswerk „100 Ansichten des Berges Fuji", das zwischen 1833 und 1834 entstand.
>
> 180 Jahre später bin ich zusammen mit meinem Sohn am Ufer des Kawaguchi-Sees beim Anblick des Fuji, des höchsten Berges Japans (3776 m), für kurze Zeit auf den Gedankenpfaden dieses großen Künstlers gewandelt.
>
> Mit der Kamera und mit meinen Worten in der klassischen japanischen Gedichtform des ‚Tanka' habe ich versucht, die Schönheit und den Geist dieses unvergleichlichen Berges in den folgenden ‚17 Ansichten des Berges Fuji' zum Ausdruck zu bringen. "

Die Autorin, die den Fuji zum ersten Mal im Alter von fünf Jahren sah, nimmt den Leser mit auf ihre besondere Reise.

Ganz eigen ist die Gestaltung der Innenseiten: Alle sind schwarz, die Schrift weiß – die ganz persönlichen Fotos des Berges wirken dadurch umso geheimnisvoller.

Seite für Seite je ein Bild und darunter ein Tanka in deutscher und japanischer Sprache.

In jedem einzelnen Tanka ist die Verzauberung zu spüren, die der Fuji bei seinem Anblick erzeugt:

Fata Morgana
oder bist Du es wirklich?
Umspielt von Wolken,
enthüllt vom Wind, Berg Fuji –
seh' oder seh' ich Dich nicht?

Durch die perfekte Kombination von Bild und Tanka wird die einzigartige Anziehungskraft des Fuji lebendig – auf jeder Buchseite eine andere Ansicht des heiligen Fuji in unserer heutigen Zeit. So sind auf den Fotos gemeinsam mit dem japanischen Heiligtume mal ein Fischerboot, ein Vergnügungspark oder Hochhäuser zu sehen.

Alle Tanka haben eins gemeinsam: die staunende und nie enden wollende Begeisterung der Dichterin für dieses japanische Symbol, für den Fuji:

Wohl hundert Mal
habe ich Dich angeschaut
bei Tag und bei Nacht.
Doch jetzt ist mir als seh' ich
Dich das allererste Mal ...

Das Nachwort von Professor Peter Nebel von der Lettischen Kulturakademie:

„Das Staunen ist der Anfang der Erkenntnisse" und die Einführung des Literaturwissenschaftlers Dietrich Krusche „Fuji-san – du und ich" runden das Buch angenehm ab.

Ins Japanische wurde das Buch von dem Germanisten Kenji Takeda übersetzt. Die Biografien der beteiligten Protagonisten sind am Ende des Bandes nachlesbar und ebenso interessant.

17 Ansichten des Berges Fuji – Bilder und Tanka von Sabine Sommerkamp ist ein empfehlenswertes Buch, das jeden Leser zum Träumen einlädt.

Peter Rudolf

der anfang von etwas

Gregor Graf: der anfang von etwas. drei zeilen im hohen gras. Books on Demand, Norderstedt 2021, 88 Seiten. ISBN 9-983-755716-45-7

Ein rundum ästhetisch gestalteter Gedichtband in Broschürenform liegt in meiner Hand. Autorenname und Untertitel stehen in Schwarz, der Titel in Rot auf einem schneeweißen Coverhintergrund. Auf der Coverrückseite spielt der Autor sowohl mit den beiden Farben als auch mit seinem Titel „der anfang von etwas": Fünfmal gibt Gregor Graf Antwort auf die Frage nach dem „etwas". So heißt es dort als erstes:

> vielleicht ist es
> der anfang
> der rose die blüht
> vom nebel im tal

Auf der Covervorderseite sind Autorenname oben links, der Untertitel unten rechts platziert, etwas über der Seitenmitte der Titel – für so ein kleines Büchlein wird dadurch eine maximale Fläche aufgespannt. Im Buch steht in derselben dezenten Calibri-Schrift stets nur ein Text auf einer Seite. Noch vor dem Titelblatt (dieses folgt nach einer Vakatseite) lesen wir das erste Haiku:

> zartrosa blüten
> wie schmetterlinge
> im wind

Das erste Kapitel von dreien lautet „im vorübergehen", es enthält 36 Texte, von denen nach meiner Zählung mindestens 27 als Haiku gelten können. Das erste Gedicht:

kirschblüten
kirschblüten
kirschblüten

erinnert an Bashōs Haiku „Matsushima" mit seinen Wiederholungen und dem Betonen, wie staunend ein Mensch sich beweisen kann. Das zweite Kapitel „und dann" enthält zehn Gedichte. Mit dem ersten

die stadt erwacht
die lichter verlöschen
eins nach dem anderen

und dem letzten Gedicht dieses zweiten Kapitels

der esel
mürrisch
kaut disteln

beweist Graf, wie weit er sich von einer festen Form entfernt hat. Der Text mit dem mürrischen Esel ist gänzlich frei von formellen Haiku-Forderungen.

26 Gedichte folgen im dritten Kapitel „wohin", dem nach einer Vakatseite als letzter Gedichttext folgt:

und ich weiß
wohin die reise geht
weiß es doch nicht

Der Gedichtband ist für mich der leichtfüßigste, den ich je gelesen habe. Zu diesem Eindruck trägt auch die durchgängige Kleinschreibung bei. Außerhalb der „technischen" Seiten 2 (Impressum), 4 (biografische Kurzangabe) und, am Buchende, der Hinweisseite auf die fünf früheren Gedichtbände von Graf gibt es keine Großbuchstaben in diesem Werk. Dafür gibt es ganz viel feinen Humor, mit dem Gregor Graf auch ab und zu über sich selber schmunzelt. Für die von mir wahrgenommene und superlativisch, aber, wie ich meine, nicht leichtsinnig gepriesene Leichtfüßigkeit zitiere ich zum Schluss aus jedem Kapitel einen Text:

am wegrand
ein haiku
wilder mohn (S. 26)

im wind der zettel
fort was ich nicht
vergessen wollte (S. 51)

das haiku
kurz wie der
bleistiftstummel (S. 65)

Thomas Opfermann

Im Wandel des WIRs

Im Wandel des WIRs. Almanach 2021, von Artur Böpple (Hg.), 316 Seiten, BKDR Verlag, 2021. ISBN 978-3-948589-36-3

Der Almanach 2021, die aktuelle Ausgabe der Literaturblätter der Russlanddeutschen, ist kein klassisches Haiku-Buch. Vielmehr ist es eine Sammlung ganz unterschiedlicher Beiträge, die die Geschichte und das Leben der Russlanddeutschen thematisieren. Wohltuend, dass die Herausgeber nicht nur Autorinnen und Autoren mit russlanddeutschem Hintergrund berücksichtigen. So zeichnet der Almanach mit Prosa- und Lyrik-Beiträgen, aber auch mit Essays, Erinnerungen und Reiseberichten ein vielschichtiges, Interesse weckendes Bild einer vielen Lesern oftmals (noch) unbekannten Welt.

Aus dem Haiku-Blickwinkel ist der Almanach 2021 aus zweierlei Hinsicht von besonderem Interesse. Zum einen lädt die Literaturwissenschaftlerin Annelore Engel-Braunschmidt den Leser in ihrem 18-seitigen Essay „Im Haiku zuhause. Lia Franks Lyrik" zu einem Einblick in Lia Franks Leben und Schaffen ein, zum anderen versammelt der Almanach 2021 lyrische Texte abseits des Haiku.

In ihrem Essay gelingt es Annelore Engel-Braunschmidt, den abenteuerlichen Lebensweg Lia Franks – von der Geburt 1921 in Kaunas/Litauen, über Berlin, Riga, Swertlowsk (heute Jekaterinburg), Duschanbe (Tadschikistan), Zittau, Sigmaringen, bis zu ihrem Tod 2012 in Berlin – anschaulich darzustellen und mit ihren literarischen Arbeiten, die sie ausgiebig zitiert, zu verknüpfen. Zum Beispiel:

Vorkriegsfotos –
ich unter so vielen
jungen Toten.

Ausführliche Fußnoten mit Verweisen auf ihre literarischen Veröffentlichungen runden den Beitrag ab und laden zu einer tiefergehenden Beschäftigung mit dieser Autorin ein.

Der Almanach 2021 – eine lesenswerte Lektüre für all diejenigen, die sich nicht nur näher mit dem Leben von Lia Frank beschäftigen möchten, sondern sich auch generell für Leben und Literatur des russlanddeutschen Kulturraums interessieren!

Mitteilungen

Neuveröffentlichungen

– Rita Rosen und Gabriele Hartmann: „ALLES!", Foto-Tanbun-Sequenz, inspiriert durch die gemeinsam besuchte Ausstellung „100 Jahre Jawlensky in Wiesbaden", Ringbindung, A6 quer, 52 Seiten, 21 ganzseitige Fotos, farbiges Innencover, bon-say-verlag, 2022. Zu beziehen unter: info@bon-say.de.

– Gabriele Hartmann: „Serpentinen", Haiku 2021, Ringbindung, A6 quer, 216 Seiten, farbiges Innencover, bon-say-verlag, 2022. Zu beziehen unter: info@bon-say.de

– Barbara Hoth-Blattmann: „100 Haiku", 21,5 x 15,5 cm, Paperback, 72 Seiten, ISBN 978-3-00-070761-2. Zu beziehen über den Buchladen von Helga Scholz, Hauptstr. 34, 45549 Sprockhövel.

– Sulamith Sommerfeld: „Nur ein Anflug von Sterblichkeit", Gedichte, 84 Seiten, ISBN 978-3-943599-87-9, Verlag Steinmeier, Deiningen 2021.

Sonstiges

DHG-Haiku-Wettbewerb 2022 für die Haiku-Agenda 2023

Auch für das Jahr 2023 plant der DHG-Vorstand eine Haiku-Agenda. Mitglieder, ebenso wie Nichtmitglieder sind herzlich eingeladen, sich an unserem Wettbewerb zu beteiligen. Bei Erreichung der nötigen Punktzahl wird Ihr Haiku exklusiv auf einem der Wochenblätter der Agenda platziert. Für unsere Mitglieder, von denen kein Haiku auf einem der Wochenblätter aufgenommen wurde, werden wiederum ein paar Seiten der Agenda für die Veröffentlichung eines ihrer Haiku reserviert.

Die Teilnahmebedingungen sehen vor:

– Bis zu **vier** Haiku pro Teilnehmer, wobei **jedes Haiku eine andere der vier Jahreszeiten thematisiert.** Dazu eignen sich beispielsweise die bekannten Bezüge zu Klima und Natur, zu Fest- und Feiertagen.

– Die Haiku müssen unveröffentlicht sein.

Einsendeschluss für alle Zusendungen zur Haiku-Agenda 2023:
31. Mai 2022 – Stichwort „Haiku-Agenda 2023"

Per E-Mail bitte an:
eleonore.nickolay@dhg-vorstand.de

Per Post bitte an:
Petra Klingl
Wansdorfer Steig 17
13587 Berlin

Bücher gesucht!

Zu Forschungszwecken suche ich schon länger ein paar Bücher und hoffe nun auf Hilfe aus der Haiku-Gesellschaft. Bisher war es mir nicht möglich, u. a. die folgenden Werke im Original kennenzulernen:

- Hans Stilett: Hellgrüne Poeme

- Haiku-Veröffentlichungen von Roman York, auch Hinweise auf solche.

Als gelernter Historiker und Literaturwissenschaftler freue ich mich natürlich besonders über Originale (gerne zum Kauf – aber auch für eine kurze Zeit leihweise, zur Ansicht und um Scans/Fotos zu machen). Ebenso hilfreich wären Kopien inklusive Titelblatt und Impressum (egal ob auf Papier oder in elektronischer Form).

Moritz Wulf Lange, Kontakt über: info@moritz-wulf-lange.de

Mentoring

Für das **Haiku- und Haiga-Mentoring** stellt sich Claudia Brefeld zur Verfügung: post@claudiabrefeld.de

Bernadette Duncan bietet **Haiku-Mentoring via Zoom** (Videokonferenz) an. Interessierte wenden sich bitte direkt an
bernadette.duncan@outlook.com

Für das **Tanka-Mentoring** stellt sich Tony Böhle zur Verfügung:
tonyboehle@web.de

Coverbild

Das Bild für das Cover dieser Ausgabe stammt von Daniel Behrens, geboren 1969 in Bielefeld. Ausbildung zum Buchrestaurator in Hagen. Ausstellungen eigener Bilder in Deutschland und Polen. Er wohnt zurzeit in der Nähe von Krakau. Über seine Kunst sagt er, er glaube an ein Wiedererwachen der poetischen Idee in der Kunst, in der die Freude am Schönen in diesen schwierigen Zeiten obsiege. Für ihn sind Haiku „zarte Pastelle der Sprache", wovon auch das jetzige Coverbild zeugt. Sie tanzen wie Schmetterlinge gegen den Wind der Zeit …

Impressum

Vierteljahresschrift der Deutschen Haiku-Gesellschaft
35. Jahrgang – März 2022 – Nummer 136

Herausgeber:	Vorstand der DHG
	Tel.: 040/460 95 479
	E-Mail: info@deutschehaikugesellschaft.de

Redaktion:	Horst-Oliver Buchholz, Eleonore Nickolay, Thomas Opfermann
Mitarbeit:	Claudia Brefeld

Titelillustration:	Daniel Behrens
Covergestaltung:	Stephanie Mattner

Lektorat	Gabriele Buschmann, Martina Khamphasith
Satz und Layout:	Martina Khamphasith

Freie Mitarbeit erwünscht. Ihre Beiträge schicken Sie bitte per

E-Mail an:	Horst-Oliver Buchholz, Eleonore Nickolay, Thomas Opfermann:
	redaktion@deutschehaikugesellschaft.de
Post an:	Petra Klingl, Wansdorfer Steig 17, 13587 Berlin

Über die Veröffentlichung der Beiträge entscheidet die Redaktion. Die Meinung unserer Autoren muss sich nicht immer mit der Meinung der Redaktion decken. Die Beiträge werden von uns sorgfältig geprüft, für die Richtigkeit, Vollständigkeit und Aktualität der Inhalte, insbesondere der fremdsprachlichen Texte, können wir jedoch keine Gewähr übernehmen.

In der Zeitschrift SOMMERGRAS wird (betrifft Beiträge der Redaktion) die männliche Form stets generisch gebraucht und bezieht folglich die weibliche Form mit ein.

Einsendeschluss
für die Haiku- und Tanka-Auswahl:	15. April 2022
Redaktionsschluss:	20. April 2022

Jahresabonnement Inland (inkl. Porto) 45 €
Jahresabonnement Ausland (inkl. Porto) 55 €
Einzelheftbezug Inland (inkl. Porto) 12 €
Einzelheftbezug Ausland (inkl. Porto) 14,50 €
Auslandsversand nur auf dem Land-/Seeweg.

Der Mitgliedsbeitrag beträgt 45 € im Jahr und beinhaltet die Lieferung der Zeitschrift (Inland inkl. Porto, Ausland + 10 € Porto).
Die finanzielle Unterstützung der DHG quittieren wir mit Spendenbescheinigungen.